理想の仕事は
環境、人間関係を変えても
なかなか見つけることはできません。
毎日の小さな行動から、
自分で〝作るもの〟だからです。

価値観が多様化し、
さまざまな人と長く働き続けなければならない今、
仕事でストレスを抱えている人は多いでしょう。

挑戦を求める風潮に対する疲れ、
職場の居心地の悪さ、終わりのない忙しさ、
がんばりを認めてもらえないつらさや怒り、無力感……。

なかには、転職をぼんやり視野に入れながら
働いている人もいるかもしれません。

でも、職場や仕事仲間に、

「しんどい仕事をしているはずなのに、
なぜかいつも楽しそうにしている」
「何歳になっても、新しい仕事に挑戦し続けている」
「いつもまわりから助けられたり、
チャンスをつかんで成果を出している」

こんな人たちがいないでしょうか？

自分らしく、楽しく働いているように見えて、
うらやましく感じますね。

こうした人ももちろん、
仕事でストレスを感じていないわけではありません。

でも、毎日の仕事や生活のなかで
〝自分らしくいられる考え方〟を身につけ、
ストレスを乗り越えています。

その結果、
自分らしく働いている感覚や充実感、
成果や肩書きを手に入れているのです。

この自分らしくいられる考え方は、

「湧き上がった気持ちに気づき、認める（自己肯定感）」

「うまくいく方法を探す（メタ認知力）」

この2つを意識してはじめて、身につけることができます。

単純なことのように思いますが、

実は忙しくしているとつい見失いがちなものです。

この2つの力が身につくと、

- ストレスをためずに他者と折り合える
- 自分の選択でものごとをコントロールしていける
- 自分のキャリアをイメージできる
- 勇気を出して一歩踏み出せる
- 自分のキャパシティに合わせて、持続的に成果を出せる

のようになります。

モヤモヤとした霧がスッと晴れるように、
仕事のストレスが消えていくはずです。

この本では、毎日の生活で2つの力をバランスよく育てる
「小さなルーティン」を紹介します。

仕事のモヤモヤ・
イライラを止めて
自分を取り戻す

小さなルーティン

SMALL ROUTINE

福所しのぶ

あさ出版

はじめに

「意見を言っても、まわりにわかってもらえない」

「このままでいいのかなと思うけれど、得意なことがない」

「なんで私だけがんばらないといけないの？」

「どうせ何を言ってもムダ」


あなたはこのように、仕事で不満やストレスを抱えていないでしょうか。

実は、こうした思いで働いていると、

- 仕事の人間関係で波風は立てないが、自分の存在意義を感じられない
- 人並みに仕事はできているが、協力者がおらず孤独を感じる
- 仕事の人間関係がうまくいかず、なんとなく浮いている気がする
- 日々の仕事が精一杯で、何のために働いているのかわからない

・長くなる職業人生をイキイキと乗り切れる気がしない

という状態に陥ります。このままでは楽しく働くことはもちろん、思い通りの成果を出し、キャリアを築いていくのが難しくなるのは、なんとなく想像ができるでしょう。

では、こうした状態から脱するために、あるいは、こうした状態にならないためには、どうすればいいのでしょうか。

答えは1つ。

今のあなたの仕事のストレスのもととなっている**ストレス思考**を手放し、**自分らしく働くための思考**を身につけることです。

「ストレス思考」を手放せば、もっと仕事は楽しく、ラクになる

人生100年時代といわれる昨今、働く人それぞれが自らのキャリアを長期的に考え、成長するために主体的に行動する姿勢が求められるようになりました。

自分らしいキャリアを築いていくためには、自分で方向性を選び、その方向に向かって進んでいくことが必要です。そのためには、自分が求めることや行動を妨げるストレス思考を手放すことが不可欠です。

ストレス思考を手放すためには、次の2つの力を高める必要があります。

- 自己肯定感（他者と比べることなく、ありのままの自分を認める気持ち）
- メタ認知力（自分の考えや自分が置かれている状況を俯瞰的に見る力）

自己肯定感が高いと、仕事で主体的に考えて動いたり、新しいことに挑戦したり、失敗しても再チャレンジできます。これはキャリアを切り開いていくとき、とても大切な力です。

ところが、なかには自己肯定感は高いけれども、まわりの人との折り合いが悪く、仕事でストレスを抱えている人がいます。なぜなら、仕事をうまく進めるためには、もう1つ必要な力があるからです。

それがメタ認知力です。メタ認知力が働くと、仕事のキャパシティが適切かどうかを考えたり、トラブルが起きたときにほかの方法を探したりできます。

仕事でストレスを抱える人のなかには、自己肯定感とメタ認知能力の両方が低い人もいれば、いずれか片方が低くてアンバランスになっている人もいます。

自分らしいキャリアを築くためには、この**2つの力をバランスよく育てていかなければならない**のです。この本では、その方法をお伝えします（16〜17ページであなたの2つの力をチェックしてみてください）。

ストレス思考を手放すと自分軸で働けるようになった

自己紹介が遅れました。キャリアコンサルタントの福所しのぶと申します。脳科学にもとづくコーチングの手法をキャリア相談に取り入れて、「思考のクセ」に気づくことをサポートするとともに、ビジネスパーソンが自分らしく働き、キャリアアップや副業・独立を実現するサポートをしています。

私自身は、博士号を生物工学分野で取得した後、弁理士試験に短期で合格したり、39歳で国内大手特許事務所の共同経営者に昇進したり、夫との間に一児に恵まれたり、ある時期までは絵に描いたようなバリキャリ系のワーキングマザー路線を進んでいました。

ところが、職場でもトップレベルの実績を出せるようになり、まさにこれから！というとき、高安《たかやす》動脈炎という自己免疫疾患が発覚しました。ストレスが関わる可能性のある原因不明の難病です。まさに晴天の霹靂《へきれき》で、人生の再設計を余儀なくされました。

そこから、脳科学ベースのコーチング手法を学び、原因を掘り下げていくと、

「男性と同じやり方で成果を出さなければいけない」
「努力していない自分には価値がない」
「自分のことよりも、まわりを優先しなければいけない」

といった考えが、自分をハードワークに駆り立てていたことがわかりました。

私のなかにあるストレス思考が、かつてできていた「自分の能力を高めていきたい」という自分軸の行動を、「パフォーマンスが下がったと思われたくない」という他人軸の行動に、いつのまにか変えていたのです。

その後、自分らしく働くために思考をアップデートし、キャリア支援についても専門的に学んでキャリアコンサルタントの資格を取得し、現在に至っています。

仕事でストレスを抱える人は業種も経験も立場も違いますが、思考は共通しています。ストレス思考に気づけば、とらえ方や対処の仕方が変わります。ストレス思考を手放せば、仕事だけではなく、ほとんどの問題が解決していくのです。

この本では、「自己肯定感」と「メタ認知力」の2つの軸をもとに、仕事でストレスを過剰にためず、自分らしく働く思考を作るルーティンを紹介します。

読者のみなさんが、仕事のストレスという「影」から脱し、再び光輝く人生を手に入れていただければ幸いです。

福所しのぶ

2023年4月

⇒ストレス思考のタイプは41ページで確認できます。

メタ認知力チェック

		とてもよく当てはまる	やや当てはまる	あまり当てはまらない	まったく当てはまらない
1	仕事に取り組むとき、自分に期待されていることがわかる	4	3	2	1
2	仕事をするとき、最も効果的な方法を考えてから取り組む	4	3	2	1
3	仕事でうまくいかないとき、進め方やコミュニケーションの仕方を変える	4	3	2	1
4	意識的に立ち止まり、自分の理解や周囲の状況を確認している	4	3	2	1
5	相手の言いたいことや思っていることを読み取ることができる	4	3	2	1
6	言わないつもりでいることを、つい口に出してしまう	1	2	3	4

合計18点以上　高いメタ認知力（目指したい状態）
合計13〜17点　平均的なメタ認知力
合計12点以下　低めのメタ認知力

合計点数

ストレス思考チェック

仕事のつらい状況を思い浮かべながら1〜6の質問に答え、答えの数字を合計してください。自己肯定感・メタ認知力の状態をチェックしてみましょう。

自己肯定感チェック

	とてもよく当てはまる	やや当てはまる	あまり当てはまらない	まったく当てはまらない
1 自分の仕事ぶりにだいたい満足している	4	3	2	1
2 自分にはけっこう長所があると思う	4	3	2	1
3 同僚と同じくらいにはものごとがこなせる	4	3	2	1
4 ときどき、自分は職場で役に立っていないと強く感じる	1	2	3	4
5 自分の仕事ぶりをもう少し肯定できたらいいなと思う	1	2	3	4
6 自分のキャリアを前向きに考えている	4	3	2	1

合計18点以上　高い自己肯定感（目指したい状態）
合計13〜17点　平均的な自己肯定感
合計12点以下　低めの自己肯定感

合計点数

第3章 自己肯定感を高めるルーティン13

「やりたい！」「おもしろそう！」の気持ちを作る

第4章

メタ認知力を高めるルーティン13

「できる」「うまくいく」選択肢を見つける

第5章 どこでも活躍できる人になるための思考習慣

第1章

仕事がしんどいのは「ストレス思考」だから

自分らしく働けないのはストレス思考のせい

仕事がつらいと思ったとき、「転職したら何かが変わるかもしれない」「転職したほうが早いんじゃないか」と思うことがあるでしょう。

もちろん、転職して今の苦しい状況を逃れるのは1つの手段です。

でも、ちょっと待ってください。

というのも、ストレスを生み出すストレス思考を持っていると、転職して環境を変えたとしても、ふたたびつらい状況に陥り、仕事でストレスを抱える可能性が高いからです。

では、仕事でストレスを抱えない人はどんな人なのでしょうか。

仕事でストレスを抱えない人は、**自分らしさを発揮しやすい考え方をしているという特徴があります。**

「自分らしさ」というと、「自分の好きなこと、得意なことを活かせている」という状態を思いうかべる人は多いと思います。

でも、「自分らしさ」とは、単に自分が好きなこと、得意なことをしていることだけではありません。

- 仕事のメンバーや取引先といい関係が築けている
- 職場や取引先から必要とされている、役立っていると感じる
- 挑戦してみたいことを職場の人が後押ししてくれる
- ワークライフバランスがとれている

このように、自分自身がまわりからあたたかく受け入れられている感覚や自分が

仕事を通じて他者の役に立っている感覚、仕事を通じて成長している実感、さらには自分にとってムリのないペースで仕事ができる感覚を持てることも含まれます。

「自分らしい」とは、自分がすることにやりがいを感じられて、さらに、まわりの人と接するときに背伸びをせず、卑屈にもならず、等身大の自分でいられる、「この方向でいいんだ」という安心感と充実感があることなのです。

こうした安心感や充実感の根底には、自分で方向性を選ぶことができていたり、自分の思い描いている方向に進んでいる感覚があります。

この自分で方向性を選んでいる感覚は、幸福度や満足度に大きく影響することが研究でわかっています。

独立行政法人経済産業研究所による2万人の日本人を対象とした2018年の調査研究では、自己決定度の高い人ほど幸福度が高いことがわかったのです。

また、脳科学でも、自分の行動で望ましい結果を得た場合は、脳の報酬系と呼ばれる部位からドーパミン（やる気の脳内ホルモン）が分泌されることがわかっています。

さらに、自己決定による行動の場合は、その行動が失敗に終わっても、動機づけや報酬に関わる脳の部位が活性化することもわかっています。

これは、その行動を行う意欲があって充実感を得ている状態にほかなりません。脳には、自己決定による行動をとることで高いパフォーマンスにつながるしくみがある、というわけですね。

つまり、**「自分の選択によって結果がコントロールできている」、あるいは「コントロールできそうだ」という感覚が「自分らしさ」につながる**のです。

これを裏返して考えてみると、仕事でストレスを抱えて疲れてしまうのは、自分が握るべき〝人生のハンドル〟をいつのまにか手放し、自分らしくない状況に陥っているということです。状況を変えるには、まずこの人生のハンドルを取り戻さなければならないのです。

脳は「なじみのある考え方」を大切だと思いたがる

では、なぜ大切な人生のハンドルをうっかり手放してしまうのでしょうか。それには、思考のクセが関係しています。実は脳というものは、これまでの経験から作った思考のクセを優先し、ラクをしたがるものなのです。

私たちのまわりには膨大な情報があふれています。

でも、脳にはそのすべてを、1から処理するキャパシティはありません。必要と判断した情報だけを取り込み、うまくいった方法を次から優先するように神経ネットワークを作ります。

たとえば、パソコンをはじめて使うとき、手指のポジションを確認しながらキーボードの文字を打ちます。このときは、いろいろなことに意識をとられますが、自分の動きをこと細かに考えている状態です。これは自らコントロールしようとしている状態でもあります。慣れると、考えなくても入力ができます。

この「考えなくてもできる」というのは、脳が学習を重ねて、神経ネットワークを作り、無意識にできるようになる状態です。

1つひとつの状態をコントロールしようとするとき、脳は多くのエネルギーを使うので、無意識にできるように作業を自動化して、省エネを図る性質があるのです。

行動とフィードバックで思考のクセが作られる

そして私たちは、子ども時代からの経験を通じて、行動とそのフィードバックから、次のような思考のクセを作ります。

・Aをしたら（行動）、ほめられていい気分だった（フィードバック）
▼思考グセ「Aは積極的にやったほうがいい」
・Bをしなかったら（行動）、ほめられていい気分だった（フィードバック）
▼思考グセ「Bはやらないほうがいい」
・Cをしたら（行動）、怒られてイヤな気分になった（フィードバック）
▼思考グセ「Cは絶対やらない」
・Dをしなかったら（行動）、怒られてイヤな気分になった（フィードバック）
▼思考グセ「Dはやらなければならない」

そして、この思考のクセは習慣（行動パターン）を作ります。

心理学的な研究では、人間の行動の9割が思考のクセに支配されていることがわかっています。
また、認知行動科学の分野では、感情は出来事（事実）そのものではなく、出来事に対する意味づけや解釈によって生じると考えられています。これはＡＢＣ理論として、アメリカの臨床心理学者のアルバート・エリスが1950年代に提唱したモデルで、現在臨床的成果をあげている認知行動療法の基礎の1つにもなっています。

ここからわかるのは、仕事でストレスを抱える原因は、仕事での出来事自体ではなく、**出来事を意味づける思考のクセが大きく関わっている**ということです。

「仕事がしんどい」という状態にならないためには、ストレスをためやすくするストレス思考に日頃から気づき、手放していく必要があります。

自分の思考を立ち止まって判断できるようになると、自分の選択で結果がコントロールできている、あるいはコントロールできそうだ、という感覚になります。

すると、「自分らしい」と感じられることが増えていくのです。

「やってみよう」の心を作るために必要な「自己肯定感」

では、ストレス思考に気づき、手放すためにはどうすればいいのでしょうか。
ポイントの1つは自己肯定感を高めることです。

自己肯定感は何かを達成したかどうかにかかわらず、長所も短所も含めたありのままの自分を、ありのままに肯定する気持ちです（人や研究によってさまざまな定義がありますが、この本では自己肯定感を「長所も短所も含めて、ありのままの自分に価値があるという感覚」とします）。

自己肯定感が高いと「やってみよう」と思えますし、仮に失敗したとしても再チャ

レンジしようとします。

自己肯定感を高めるために、本心ではないのに「私はすごい」とポジティブな言葉を繰り返し唱えたり、一生懸命努力して成功体験を得ようとしたりする人も多いようです。

もちろん、努力から得られる成功体験は、自信を作る大切な要素です。

でも、外側の評価に依存すると、目標を達成できなかったり、何かが手に入らなかったりするとき、自己評価が一気に下がります。

「自己肯定感」は、**外側に何かをプラスすることではなく、瞬間的に湧き上がった自分の気持ちを感じる力を高めること**、そしてその**感じ取った気持ちを大切に扱うことから育まれます。**

ストレスを抱えずに働くためには、成功体験がベースの自己効力感や自己有用感だけではなく、長所も短所も含めてありのままの自分に価値を見出す自己肯定感にも目を向ける必要があるのです。

まわりと折り合いをつけるために必要な「メタ認知力」

自己肯定感が高い人は自信があり、どんな困難も乗り越えることができる。自己肯定感が高ければ、仕事のストレスとは無縁なんだろうな。そんなふうに思われるかもしれません。

私自身も、自己肯定感の低さを努力から得られる成功体験で覆い隠してきたタイプで、「成功体験や失敗体験にかかわらず、折れない自己肯定感を育てることがカギだ」と思っていました。

でも、仕事をうまくこなしていくには、それだけでは足りなかったのです。

仕事でストレスを抱える人のなかには、自己肯定感が高そうなのに、まわりとうまく折り合うのが苦手な人がいます。

そうした人を分析すると、自分の意見を持ち、自分に合ったやり方で挑戦する力はある反面、

- いくつかの可能性（選択肢）を考え、まわりの状況を踏まえて取捨選択する
- 自分の考えや行動を振り返る

といった行動が苦手な傾向があります。

このように、自分の行動や考えを振り返り、客観的に観察する力を**メタ認知力**といいます。

仕事でストレスを抱えないためには、自己肯定感を高めるとともに、一段高い視点から自分の状況を客観的に振り返るメタ認知力を高め、自分の行動を柔軟に変えていく必要もあるのです。

自己肯定感とメタ認知力をバランスよく育てよう

ストレス思考を手放すために必要な、自己肯定感とメタ認知力。それぞれ個別に焦点をあてて改善する方法はたくさんあります。でも、片方の力だけ高めてもストレス思考を手放すことはできません。両方の視点に気づき、バランスをとりながら行動することが大切なのです。

脳には自動操縦プログラムを形成するかのような、これまでに自分が慣れ親しんだ方法やパターンで対応する傾向があります。私たちは成功体験を優先するので、それ以外の方法は自分に適した方法だと認識しづらくなっています。

たとえば、自己肯定感が高くてもメタ認知力が低ければ、トラブルが起きたときに自己肯定感を高めることに着目してしまい、メタ認知力には目を向けにくくなります。その結果、これまでと同じ方法を繰り返し、ほかの方法には目を向けられず、努力が空回りしてしまいます。

逆の場合も同様です。メタ認知力が高くても自己肯定感が低ければ、いつもどおりメタ認知力を使って切り抜けようとするので、自己肯定感を育む方法には目が向かないのです。

両者のバランスの悪さに気づかなければ、ストレスを抱え続けてしまいます。

思考は何歳になってもアップデートできる

ストレス思考を手放すことなんてできるの？　そう思われるかもしれませんね。大丈夫です。脳には、「可塑性《かそせい》」という、何歳になっても新しい神経ネットワークを築き上げる性質があることがわかっています。

これは脳梗塞から回復した患者の研究からわかった性質です。脳細胞は一度損傷すると再生しないのですが、リハビリにより脳の損傷していない部分が新たな神経ネットワークを形成したことで、損傷した部分の機能が補われていたのです。脳は私たちが思っているよりも柔軟なのです。

ただし、ストレス思考に気づくのはそう簡単ではありません。なぜなら、思考のクセは、あなたが意識できていないことのほうが多いからです。

「仕事を断れない」という悩みの裏には、本人が意識していない「困っている人はどんなときも助けるべき」や「快く引き受けるのが自分の価値の証明だ」といった行動のルールが隠れていることがあります。この行動のルールこそがストレス思考です。

このまだ言葉になっていないストレス思考に気づくこと、それが自分らしく働く第一歩であり、要なのです。

続く第2章では、自分がどのようなストレス思考を持っているのか、悩みをもとに解説していきましょう。

第2章

仕事がしんどくなる 3つの「ストレス思考」

ストレスの原因がわかる
ストレス思考タイプチェック

さて、ここでは自己肯定感とメタ認知力について、自分の状態をチェックしましょう。自分の状態を知ることは、自分の思考の傾向をつかむ足がかりになるとともに、ストレス思考から脱する糸口になります。

では、16〜17ページの質問に答えて、あなたの今の状態をチェックしてみましょう。

チェックする際は、仕事であなたがつらいと思う状況を思い浮かべながらやってください。思い浮かべる状況が異なれば、ストレス思考からの影響にも差が出るので、結果が変わることがあります。

3つのストレス思考タイプ

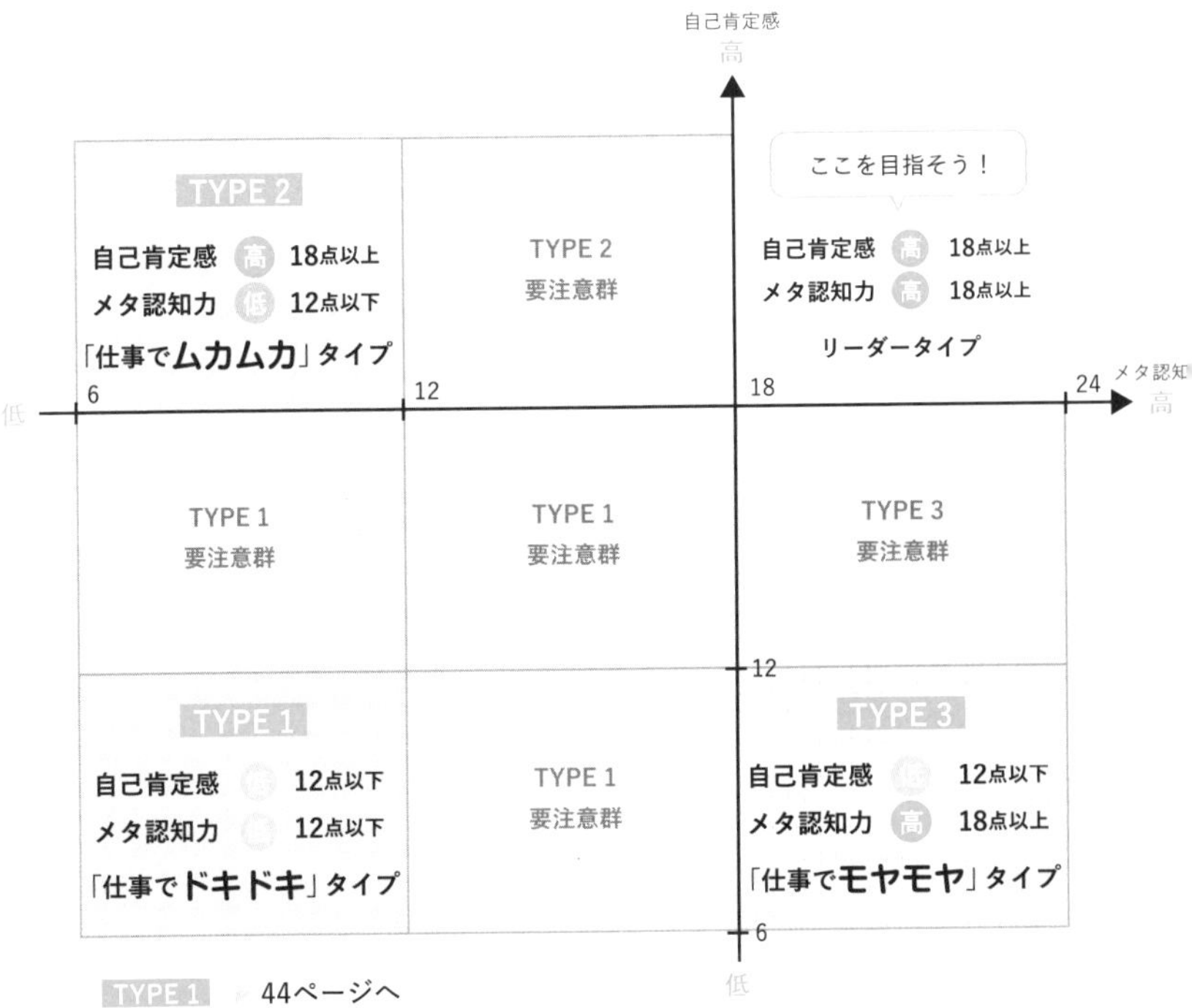

TYPE 1 ▶ 44ページへ
TYPE 2 ▶ 60ページへ
TYPE 3 ▶ 68ページへ

自己肯定感、メタ認知力、いずれも15点前後が平均ですが、仕事のストレスを手放すためには18点以上を目指すといいと思います。

次に、チェックの結果から41ページのどのタイプにあてはまるかも確認してください。

目指したいのは「自己肯定感高・メタ認知力高」タイプ

自己肯定感が高いと、行動力や実行力があります。ものごとを進める決断力があり、判断も行動もスピーディーです。うまくいかなくても落ち込みにくく、落ち込んだとしても短時間で回復して、失敗から学んで次の手を考えます。

さらにメタ認知力も高い状態であれば、言うべきところは主張し、控えるべきところは控える。計画性があり、まわりと協調しながらものごとを進めるので、職場でも信頼されます。

こうした人はすでに信頼されるリーダーかもしれませんし、リーダーではなくても、チームから信頼を集める存在になっているはずです。

自分には遠い存在に感じるでしょうか？

でも、あなたが仕事でストレスを抱える前、自分らしく、うまくいっていると感じていたときはこの状態だったはずです。

だからぜひ、この状態を目指し、自分らしさを取り戻していきましょう。

なお、セルフチェックの結果は現在地の把握にすぎません。セルフチェックは自分が意識して取り組んだほうがいい事柄をあぶり出すためのものです。

思考のクセはいくつになっても変えたり、育てたりできます。ですから、今の結果に一喜一憂するのではなく、これから自己肯定感やメタ認知力に意識を向けることが大切です。

ここからは、3つのストレス思考の特徴と悩みの例を紹介しながら、悩みの裏側に隠れている思考のクセを紹介します。ストレス思考に気づき、行動を変えるきっかけにしてください。

チェックテスト結果

TYPE 1

自己肯定感 低 12点以下（17点以下も要注意）

メタ認知力 低 12点以下（17点以下も要注意）

「仕事でドキドキ」タイプ

TYPE1の特徴

- 自分から提案や発言ができない
- 挑戦を躊躇する
- 仕事を断ったら相手に悪いと感じる
- 他者の活躍を見て嫉妬する
- やりたいことがわからない
- 自分がいなければ仕事がまわらないと思う

このタイプは、自己肯定感が低いので、自信を持てずにチャレンジするのを躊躇《ちゅうちょ》しがちです。控えめなことやまわりに合わせることを優先し、自分の望みにしたがって行動するのが苦手です。人と違うことをするのが怖い、という場合も多いです。自分自身に対する評価も、世間の常識やまわりの評価が基準になっています。十分な能力があるにもかかわらず、世間と比べて「私なんて」と自己卑下する感覚が強い傾向があります。

また、メタ認知力も低いので、まわりの情報の客観的な分析や、自分の客観視も苦手です。

ほかの可能性（選択肢）を探すという考えになりにくく、思い込みにとらわれやすい傾向があります。

思い込みが強いので、ほかの可能性やチャンスが目の前にあっても、自分には関係ないとばかりにスルーしてしまいます。

悩み

1

相手と違う意見を言う勇気が持てない

意見や提案を躊躇するのは、

・出る杭は打たれる
・自分の能力は大したことがない
・自分の意見には価値がない
・意見すれば否定されたり笑われたりする

というストレス思考が原因です。

この悩みを持つ人は、「和を重んじること」＝「意見を言わないこと」「自己卑下すること」という考え方があります。

「否定される」や「笑われる」というのは、必ずしも正しかったり、必ず起こったりするわけではありません。経験が生み出した思い込みの場合が多いのです。

自己肯定感を高めると

- 「必要とされているから、この職場にいる」「必要とされているから、この仕事をしている」という感覚を持てる
- 「自分の意見は大したことがない」と思わなくなる

効果的なルーティン
自分ほめルーティン（84〜99ページ）
自己主張ルーティン（110〜122ページ）

メタ認知力を高めると

- 「自分の意見が採用されなかったからといって、自分の人格まで否定されたのではない」と思える
- 「折り合って最善策を見つけることが大切」と考えられる
- 自分の意見を伝えるときに、状況を考えて、言葉やトーンを選ぶことができる

効果的なルーティン
客観力強化ルーティン（168〜185ページ）

悩み

2

新しいことに挑戦するのが怖い

新しいことへの挑戦を躊躇するのは、

- 新しいことに挑戦すると失敗する
- 自分の能力は大したことがない
- 一歩踏み出すには自信が必要だ
- 挑戦とは大きいことを成し遂げることだ

というストレス思考が原因です。痛い失敗をした経験が原因である場合が多いです。自信を持つためには高いスキルが必要という考えを持っています。この考え方も、必ずしも真実ではありません。

新しいことにどんどんトライする人は、必ずしも自信満々だったり、スキルがあるから一歩踏み出せるのではありません。「やるぞ！」と意気込むというより、やらずにはいられないから試してしまう、という感じです。

自己肯定感を高めると

・スキルに対する自信の有無にかかわらず、「自分はこれがやりたい」という気持ちを大切にできる
・やりたい気持ちを原動力に、目標に近づく小さな行動を重ねることができる

効果的なルーティン

自分ほめルーティン（84〜99ページ）
決断・実行ルーティン（100〜109ページ）
自分軸ルーティン（123〜144ページ）

メタ認知力を高めると

・失敗を必要以上にネガティブにとらえることがなくなる
・挽回できる範囲の小さな挑戦を繰り返すことができる
・うまくいかないことがあっても、軌道修正して失敗を糧にする意識を持てる

・「挑戦する」「挑戦しない」という両極端なゼロイチ思考をせず、目標までのプロセスを細かく分けて、小さな成功を積み重ねることができる

効果的なルーティン

選択肢を増やすルーティン（155〜167ページ）
プロセスや要素に分けるルーティン（186〜189ページ）
内省力ルーティン（190〜201ページ）

悩み 3

仕事を引き受けすぎてしんどい

自分のキャパシティー以上に仕事を引き受けるのは、

・困っている人はどんなときも助けなければいけない
・自分より他者を優先しなければならない
・快く引き受けることに価値がある

・断ることは相手を拒否することだ

というストレス思考が原因です。

このタイプの人は、自分よりほかの人を優先しがちで、「仕事を引き受けること」＝「自分の価値」ととらえる傾向があります。仕事を引き受ける自分には価値があるけれども、引き受けない自分には価値がない、と思っているのです。

また、「仕事を引き受ける・引き受けない」のゼロイチ思考になりやすく、ほかの選択肢が見えなくなりがちです。

自己肯定感を高めると

・自分の能力を評価されていることに感謝できる
・自分の都合やキャパシティをチェックするようになる

効果的なルーティン

自分ほめルーティン（84〜99ページ）
自己主張ルーティン（110〜122ページ）
自分軸ルーティン（123〜144ページ）

メタ認知力を高めると

- 断る以外の選択肢を探ることができる（期限の延長、アシストしてくれる人を探す、仕事のアウトソースなど）
- 自分だけがムリをする状況を避け、全体を見て仕事を進めるようになる

効果的なルーティン

客観力強化ルーティン（168〜185ページ）
内省力ルーティン（190〜201ページ）

悩み 4

うまくいっている人の活躍を喜べない

うまくいっている人の活躍や他者の持っているものを喜べないのは、

- 多くのものは望んではいけない

・自分はそれには値しない、分不相応だ
・自分には、ほしいものを手に入れる能力がない

というストレス思考が原因です。

このタイプの人は、本当は自分もそうありたいと思っているのに、そのうらやましい状態は自分には値しない、分不相応だとどこかで思っています。

また、実現するために必要なことには目が向かず、対象や状況を表面的にしか見られていません。

「うらやましい」という感情は、本来、自分の本当の望みをあぶり出す鏡のようなものです。ほかの人の活躍に対する憧れを自分の望みとして受け入れて、そこに近づいていこうという気持ちに切り替える。これが健全なあり方です。

自己肯定感を高めると

・「自分にはそんな希望があったのだな」とニュートラルに受け入れられる

- 自分がそれを本当に必要としているのかどうかを考えられる
- 必要なものを手に入れるために、一歩踏み出すことができる

効果的なルーティン

自分ほめルーティン（84〜99ページ）
自分軸ルーティン（123〜144ページ）

メタ認知力を高めると

- 憧れている人や状況に対し、具体的にどの部分を目指したいのか分析できる
- ほしいものを手に入れるために状況を観察し、道筋を立てられる
- サポートしたいという人が集まってくる

効果的なルーティン

客観力強化ルーティン（168〜185ページ）
内省力ルーティン（190〜201ページ）

悩み 5 やりたいことがわからない

やりたいことがわからないのは、

- やりたいことをするのはワガママだ
- やりたいことがほかの人に評価されないことだったら価値がない
- 今やっていることをやめるとまわりを失望させる

というストレス思考が原因です。

このタイプの人は、他者の評価を気にして行動を止める傾向があります。

でも、自分の評価を他者の基準にゆだねていると、他者に評価されると確信できることしかできなくなります。

また、ゼロイチ思考にもなりやすいので、やりたいことを実現するためには、「すぐに今の取り組みをやめて、やりたいことに100％集中するべき」と考えたり、大きな変化が必要だと考えたりします。「やってみたい」を封印し続けて、やりたいことを見失うのです。

自己肯定感を高めると

- 自分には選ぶ自由があることがわかる
- 自分が「いい！」と思ったものに取り組んでもいいと思える

効果的なルーティン

自分ほめルーティン（84〜99ページ）
自分軸ルーティン（123〜144ページ）

メタ認知力を高めると

- やりたいことを実現するプロセスを1つひとつ考えながら、少しずつ進めることができる
- やりたくないこともプロセスに分解して、1つひとつ手放せる

効果的なルーティン

選択肢を増やすルーティン（155〜167ページ）
客観力強化ルーティン（168〜185ページ）
内省力ルーティン（190〜201ページ）

悩み 6

自分がすべてやらないと不安

自分がすべてやらなければ気がすまないのは、

- まわりのなかで重要な役割を果たしていれば、自分に価値がある
- 他者と比べて優れていることをアピールできれば、自分に価値がある
- まわりの力を必要とする自分には価値がない

というストレス思考が原因です。

実行力もあるので、一見、自己肯定感が低いように見えません。

しかしこのタイプの人は、自分が重要な立場にあることを感じることで、自分の存在価値を確かめています。自分の存在価値を高める何かをしていないと気がすまないのです。

ワーカホリックになり、自分のキャパシティ以上の仕事を引き受けてしまいます。自分が重要な立場にあることが大切なので、まわりのリソースが見えません。

自己肯定感を高めると

- 「成し遂げること」と「自分の存在価値」を分けて考えられる
- まわりの力を活用することにも目が向き、メタ認知力も働く

効果的なルーティン

自分ほめルーティン（84〜99ページ）
自分軸ルーティン（123〜144ページ）

メタ認知力を高めると

- ムリをして仕事を抱え込む以外の選択肢に目が向く
- チームで助け合いながら、それぞれのキャパシティの範囲でやりくりする方法を考えられる

効果的なルーティン

客観力強化ルーティン（168〜185ページ）
内省力ルーティン（190〜201ページ）

チェックテスト結果

TYPE 2

自己肯定感 高
メタ認知力 低

18点以上
12点以下
（17点以下も要注意）

「仕事でムカムカ」タイプ

TYPE2の特徴

- 自分は正しいはずなのに、なぜか意見が通らない
- がんばっているのに十分に評価されていない
- 自分だけが大変な思いをしていると感じる

このタイプは、自己肯定感が高く、自分自身を認める姿勢ややりたいことに取り組むチャレンジ精神は持っています。

ただ、自己肯定感からくる「ありのままの自分を認める気持ち」が転じて、**いまの自分のやり方でOKと解釈する傾向があります。**

メタ認知力が低いので、**まわりとの関係や状況を踏まえた判断が苦手**です。

仕事は人と人との関わりで進みます。

自分の意見を持ち、自分に合ったやり方での挑戦も大切ですが、同時にまわりとの関係や状況を踏まえながら、自分の意見が最善策なのかどうかを振り返ることも必要ですよね。

自分自身のことはポジティブにとらえられているのに、仕事でストレスを抱えている。その原因は、「自己肯定感の高さ」と「メタ認知力の低さ」というアンバランスにあります。

このタイプの人は、メタ認知力を高めると仕事がうまくいきます。

悩み

1

正しいことを言っているはずなのに意見が通らない

伝えているのに、まわりからわかってもらえないのは、

- 伝えたことは理解されるべきだ
- 正論は優先されるべきだ
- 言われた以上のことをする責任はない（言わないほうが悪い）

というストレス思考が原因です。

自分なりの意見は持っているし、主張することもできる。自己肯定感は高いのですが、まわりの状況を客観的に見ることができず、伝え方の調整が苦手です。「伝えた＝伝わった」ととらえる傾向もあります。

自分としては、まわりに伝えてから行動しているのに、ひとりよがりで暴走していると見られがちなのもこのタイプです。

メタ認知力を強化することで、まわりにも理解されやすく、意見も通りやすくなります。

メタ認知力を高めると

- 伝えただけで終わらせず、「どう伝わったのか」を確認できる
- 「伝える」ことだけではなく、「伝わる」にはどうするかを意識できる
- 「報・連・相」を密にして、自分のやり方で進めてよいかを確認できる
- 相手の立場ならどう考えるか？ を意識できる
- 相手が重視しているルールを調べようとする

効果的なルーティン

選択肢を増やすルーティン（155〜167ページ）
客観力強化ルーティン（168〜185ページ）
内省力ルーティン（190〜201ページ）

悩み 2

がんばっているのに評価されていない気がする

自分が正当な評価を受けていないと感じるのは、

・自分のことは自分が一番よくわかっている

というストレス思考が原因です。

このタイプは、**自分の評価の根拠を客観的にとらえる前に、主観で判断する傾向があります。**

心理現象である認知バイアスの1つに**ダニング＝クルーガー効果**があります。これは、能力が低かったり未熟な人ほど、自身を過大評価する傾向のことです。

1999年にコーネル大学のデイビッド・ダニングとジャスティン・クルーガーが、学生を対象にした調査で、点数の低い者は実際の点数よりも過大な自己評価をする傾向があったのに対して、点数が高い者は自己評価と一致する傾向があることから提唱した仮説です。

この効果が生じるのは、メタ認知力の不足であることがわかっています。

メタ認知力を高めると

- 客観的な事実やデータを探すなど、俯瞰的に考え、行動できるようになる
- 自分をアピールする場合も、客観的な事実をもとに伝えるようになる

効果的なルーティン

客観力強化ルーティン（168〜185ページ）
内省力ルーティン（190〜201ページ）

悩み 3

自分だけが大変な思いをしている

自分だけが大変な思いをしていると思うのは、

・気遣ってもらうためには、大変さをまわりに伝える必要がある

というストレス思考が原因です。

自分の仕事のつらさをアピールしたくなるときは、メタ認知力が欠けていることが往々にしてあります。

苦労話も、はじめは「大変だね」と気遣ってもらえるかもしれませんが、口を開けば苦労話……となると、聞く側も重荷で「またか」となりがちです。

客観的な事実やデータをもとに、自分の仕事のつらさの程度を確かめないまま発言しているのであれば、自分の行動を過大評価している可能性があります。実は聞き手のほうがたいへんな仕事していた、というケースもあります。

メタ認知力を高めると

・苦労自慢以外の、自分を満たす方法を探せる

・客観的な事実やデータを探すなど、自分の状況を俯瞰できる

- 自分の大変さを伝えたい場合は、必要な支援、具体的なお願いをもとに建設的に話ができる
- まわりのサポートが得られる

効果的なルーティン

客観的力強化ルーティン（168～185ページ）
内省力ルーティン（190～201ページ）
ストレス思考を再解釈するルーティン（202～208ページ）

チェックテスト結果

TYPE 3

自己肯定感 低	12点以下（17点以下も要注意）
メタ認知力 高	18点以上

「仕事でモヤモヤ」タイプ

TYPE3の特徴

- 自分はまだまだだから
- 根性で乗り切らなければと思う
- 上（肩書きや年収アップ）を目指しているが、幸せを感じられない
- 他者の些細な言動で一喜一憂する

3つめのタイプは、メタ認知力が高く、たいていのことは器用にこなす行動力があり、まわりと協調しながらものごとを進めることができています。実行力があるので、本人も自己肯定感は高いほうと思っています。

でも、その感覚は、並々ならぬ努力の末の成功体験が土台となっている自己効力感や自己有用感です。「あるがままの自分に価値がある」という自己肯定感は、それほど高くありません。

仕事を十分うまくこなしているのに、なぜか満足できずに仕事でストレスを抱えている。その原因は、この自己肯定感の不安定さなのです。

悩み 1

いつまでも自分は未熟な気がする

できることがあるのに自分を未熟に感じるのは、

・成功のためには根性や努力が必要だ
・努力していない自分には価値がない
・上には上がいる。自分はまだまだ
・努力すれば、たいていの目標は達成できる

というストレス思考が原因です。

高い理想を設けて、そこに到達しているかどうか、そこに向けて努力しているかどうかに自己評価の基準があります。自分の存在価値が、自己肯定感というよりも、自己効力感や自己有用感でカバーされている状態です。

目標が達成できないときや努力することに疲れて燃え尽きてしまったとき、自己肯定感の低さが一気に現れます。

自己肯定感を高めると

・「努力していないときの自分もＯＫ」と自分を認められる
・常に全力でなければならないという強迫観念がゆるみ、やるときはやる、休む

ときは休む、とメリハリをつけながら仕事ができる

効果的なルーティン

自分ほめルーティン（84〜99ページ）
自分軸ルーティン（123〜144ページ）

悩み 2

評価されているけれど充実している気がしない

いつまでもまわりからの評価（いい肩書きや高い収入）で満足できないのは、

- 成功とは、多くの収入や高い肩書きを得ることだ
- 上を目指すことに価値がある（上に向かっての歩みを止めることは失敗だ）
- ステータスこそが価値だ

というストレス思考が原因です。

ありのままの自分ではなく、成功した自分であればOK、という条件がついています。しかも、成功に明確なラインがあるのではなく、達成したら次、また次と、どんどんハードルを上げていきます。ハードルに向かって走ることに疲れたとき、自己肯定感の低さが一気に露呈する危うさがあります。

自己肯定感を高めると

- 「足るを知る」ことができるようになる
- 他者の評価を求め続けることが少なくなる

効果的なルーティン

自分ほめルーティン（84〜99ページ）
自分軸ルーティン（123〜144ページ）

悩み 3

他者の些細な言動ですぐ凹む

他者の些細な言動で凹むのは、

- 自分のしてきたことは大したことがない
- 自分の成功は実力ではなく運だ
- まわりの評価のほうが正しい

というストレス思考が原因です。

このタイプは、インポスター症候群としても知られていて、男性よりも女性に多いと言われています。Facebook（現Meta）のCOO（最高執行責任者）を務め『LEAN IN』（日本経済新聞出版社）などの著書もあるシェリル・サンドバーグさんや、女優のエマ・ワトソンさんをはじめ、世界で活躍している人でも、インポスター症候群に苦しんだことを告白しています。

まわりから見れば、このタイプの人は十分に能力があることがほとんどです。外側から見える活躍ぶりとはうらはらに、自分はそれに値する行動をしてきたとは思えず自己卑下します。

まわりの状況を察するメタ認知力の高さと、自己肯定感の低さのアンバランスが仕事のストレスの原因となっています。

自己肯定感を高めると

- 自分が十分にうまくやっていることを自分自身で認められる
- メタ認知能力を自己評価にも発揮できる
- 改善すべきことは改善し、的はずれなことはスルーする強さが身につく

効果的なルーティン

自分ほめルーティン（84～99ページ）
自分軸ルーティン（123～144ページ）
内省力ルーティン（190～201ページ）

自分のストレス思考に気づき、それを自己肯定感とメタ認知力という軸をもとに変えると、自分の行動が変わります。

そして、自分の行動が変われば、まわりからあなたへの対応も変わります。まわりや環境を直接変えようとしたわけではないのに、です。

自分のストレス思考に気づき、行動を変えることが、遠回りのようで実は近道なのです。

次の章からは、ストレス思考に大きく関わる自己肯定感とメタ認知力を高めるルーティンをご紹介します。どれも今日から取り組めるものばかりです。楽しみながら実践してくださいね。

第3章

自己肯定感を高めるルーティン13

「やりたい！」「おもしろそう！」の気持ちを作る

自己肯定感を高めるのは、努力ではなく「リラックス」

あなたは最近、仕事で何かを「やりたい」「やりたくない」と思いましたか？

仕事で何かを「やりたい」と思ったときは、この気持ちを肯定するか、否定するかの分かれ目に立っています。

やりたい気持ちを肯定する場合、理由は必要ありません。

「あ、私ってこんなことやりたいんだ！」と認めて行動する。それだけです。

すると、「やりたいから少しやってみる」→「世界が広がる」→「もっとやれる気がする」のように気持ちが発展していきます。

一方、やりたい気持ちを否定する場合は、さまざまな理由があるものです。「自信がないからできない」という理由は、まさに代表格。これは自分の気持ちをなかったことにするために、引っ張り出しているにすぎません。そして、これを理由にして行動を止めてしまいます。

また、仕事で何かを「やりたくない」と思ったときも、その気持ちを肯定するか、否定するかの分かれ目に立っています。

やりたくない気持ちを肯定する場合、「あ、私はこれをやりたくないんだな」という気持ちに気づいて行動できていればいいのですが、この気持ちを否定する習慣がついていることも多いです。

やりたくない気持ちを否定する理由の代表格は「仕事を引き受けないと、自分の価値がなくなる」というものです。自分の価値がなくなるのはイヤなので、ムリしてもその行動を続ける、ということが起こります。

「やりたい」「やりたくない」というどちらの場合も、最初に湧き上がった自分の気持ちを否定せずに行動する。これが、本当の自信（自己肯定感）からくる行動です。第3章では、自分が「やりたい」「やりたくない」と思ったときに行動を起こす原動力となる、自己肯定感を高めるルーティンを紹介します。

努力よりも自分の本質を知ってリラックスしよう

自己肯定感そのものは、自分の本質を知る、リラックスする、ストレス思考を手放すと、自然と高まります。これは、外側に何かをプラスすることに慣れきった私たちは見落としがちです。

ルーティンを実践するときは、何かを得るために努力を積み重ねることを一旦手放してください。「自分の本質を知ってリラックスすること」を心がける戦略がうまくいきます。楽しみながら、自己肯定感を自然と高めていきましょう。

ルーティンは次の4段階になっています。

自己肯定感が高い人・低い人の特徴

とてもよい
自己効力感　自己有用感
（成功体験がベース）

自尊心

これでよい
自己肯定感
（長所も短所も含めた
ありのままの自分を肯定）

自己肯定感が高い人

- 自分の長所も短所も受け入れ、自分を信じている
- 主体的にものごとを決められる
- まわりの評価に振り回されない
- 精神的に安定していて、幸福度が高い

自己肯定感が低い人

- 自信がない
- 主体性が低く、自分で決められない
- 人の評価がないと不安
- ストレスを感じやすく、幸福度が低い

1　自分ほめルーティン

「自分の基準」で自分を肯定的に認めるルーティンです。仕事の場面に限らず自分をていねいに扱い、今まで気づかなかった自分のいいところに目を向けていきます。自己肯定感が低い人は、自分の基準で自分自身を肯定的に認めることが苦手です。自分の居心地のよさは自分で決めるものです。まずは、自分をさりげなくほめるところから始めましょう。

2　決断・実行ルーティン

自分の気持ちをキャッチし、その気持ちにしたがって行動を起こすルーティンです。自分らしく働くには、自分の選択で結果をコントロールしている感覚が欠かせません。

まずは仕事には関係しない身の回りの簡単なことから、自分で決める、決めたことを実行するという習慣を身につけていきます。

3　自己主張ルーティン

自分の気持ちをキャッチし、その気持ちにしたがって行動するルーティンです。

いろいろな人とかかわる仕事のなかで自分らしさを保つためには、相手の主張を受け入れるばかりではなく、自分の考えを伝えることも大切です。自分の意見を率直に伝えつつも相手のことも尊重し、歩み寄るポイントを探すアサーションというコミュニケーションスタイルを目指します。

4　自分軸ルーティン

自分の内側にあるものや、自分がすでに持っているものへの感謝や満足を感じ、より自分らしい選択をするルーティンです。

まわりの評価基準に合わせていると「もっともっと」と渇望する気持ちが際限なく高まりがちです。

どんな状況でも幸福を感じるためには、「足るを知る」ことです。今の自分に満足する心を育むと、内面が豊かになり、自己肯定感も自然と高まります。

今日「ほっこりしたこと」を3つ書き出す

時間
夜、寝る前

内容
今日できたこと、ほっこりした気持ちになった出来事、気分が良かったことなどを3つ書き出す

効果
小さな満足感に気づける
自分をていねいに扱う意識に変わる

1つめは、少し時間をとって、「今日自分ができたこと」を3つ書き出すという方法です。日頃使っている手帳のメモ欄や余白に書き込んでもいいでしょう。これを少なくとも1週間ほど続けます。

「今日自分ができたこと」は、必ずしも成功・達成したことだけではありません。今日の行動のなかで「がんばったな」と思えることや、自分を大切に扱うためにできたことも含めてください。

自分のしたことで自分が心地よくなったことや、気持ちがほっこりした出来事を

書くのもおすすめです。自分が心地よくなったことは、自分を大切に扱えていることです。

仕事のことでも、プライベートのことでも、どんな些細なことでもかまいません。

仕事で悩みを抱えているときは、つい仕事の場面にばかり目が向きがちです。仕事でうまくいかないことがあると、すべての局面でうまくいっていないように感じてしまいます。

でも、**うまくいく状態を目指したいとがんばっているからこそ、悩んでいるはず**です。つらいときこそ、まずはがんばっている自分を認めてあげましょう。

がんばっている自分を認められると、仕事の悩みで狭くなっている視野が広がって、自分を大切に扱う習慣も身についていきます。

たとえば、こんなことも書いてもよいでしょう。

・通勤途中に空を見上げたら、すがすがしい気持ちになった

・デスクまわりを整理して環境を整えたら、仕事がはかどった
・意識して休憩を入れたら、いつもより集中できた
・会議で少し早めに移動したら、気持ちに余裕が持てた
・解決の糸口を探してふと本を手にしたら、いいアイデアが浮かんだ
・仕事が一段落したときの自分へのご褒美を決めたら、やる気が湧いてきた

小さいことのなかにも、「自分をていねいに扱えているかどうか」という観点で探すといろいろ見つかるものです。

逆に、こうしたことに今まで気づかなかったとしたら、ずっと自分自身をないがしろにしていたのかもしれません。

これらは決して小さなことではなく、むしろとても大切なことなのです。少しずつ、自分自身を大切に扱うことを意識していきましょう。仕事に限らずプライベートも含めて、幅広い視点で考えることが大切です。

頭の中が仕事の悩みでいっぱいになって、「できていない」ことに注目する状態

から、実際の行動やがんばったことを意識にのぼらせ、「できている」ことに注意を向けていきます。

このルーティンは、ポジティブ心理学でも知られるマーティン・セリグマン博士らの研究により、幸福感を向上させ、ネガティブな気分を改善する効果が確認されている方法を応用しています。気軽に取り組める方法ながら、その効果はなんと半年も持続することがわかっています。

視点を変えることは、まさに脳の中に新たな神経ネットワークを作ることです。自分を大切に扱う行動を意識的に繰り返すことになり、言語的にも強化しているので、「自分は大切に扱う価値ある存在」という思考が育まれます。

鏡に映った自分に「よくやってるね」とほほ笑みかける

時間 鏡の前に立ったとき（朝がおすすめ）

内容 にっこり笑顔で、鏡に映った自分にほめ言葉を投げかける

効果 自尊感情アップ、幸福度アップ、ストレス解消

これは朝に取り入れるのがおすすめです。「よくやってるね」の部分は、自分自身がそのとおりだと思っていて、ほめるべきことであれば何でもかまいません。このルーティンは、自分を認める、ほめる意識に慣れる目的があります。

ただし、本心ではないのに「私はすごい」と唱えてしまうと、「そんなのウソだ」という認知が発動するので、自分自身を受け入れられなくなります。

このルーティンは、ムリやりポジティブな信念を身につけるのではなく、自分が

受け入れられることを自分に対して言う、というのがポイントです。

あなたを大切に思っている人がそばにいるとしたら、あなたにどんな声をかけるか、という観点で言葉を探してみてもよいですね。こんな言葉でもいいでしょう。

- 今朝も元気でシャキッとしているね
- 笑顔がすてきだね
- 時間通りに動けていい感じ
- 今日も冴えているね
- 家族のためにがんばっているね

鏡に向かって独り言のように自分をほめるのは、なんとなく気恥ずかしく感じられるかもしれませんね。でも、鏡に向かって笑顔で自分をほめるのは、科学的に見てもいいことづくしです。

自分自身をほめることで幸福感や自尊感情がアップすることがわかっています。

また、脳の作用として、ほめられると脳の報酬系と呼ばれる部分が活性化することもわかっています。鏡を使うことで、自分が「ほめる側」と「ほめられる側」の両方を体験できるのです。

また、笑うと自律神経のバランスが整ったり、免疫力が高まったりなどの健康効果以外にも、ドーパミンやエンドルフィンなどの脳内ホルモンが分泌されて、幸福を感じられたりストレスが低減されるという精神面での効果もあります。

最近の研究では、意識的に作った笑顔や、口角を強制的に上げて笑顔のような表情を作った場合にも、コルチゾールというストレスホルモンの分泌量が減ったり、疲労度合いの感じ方が減る、ということもわかってきました。笑いたい気分ではなくても、笑顔を作るだけでストレス低減効果があるのです。

このルーティンはどの時間帯にしても同じような効果が期待できますが、朝なら歯磨きをするときやメイクをするときなど、鏡の前で1人になるチャンスがあるときがやりやすいです。そしてルーティンを忘れないしくみをつくることも大切です。あなたの家にある付箋に「笑顔でほめる」やスマイルマークを書いて、洗面所の鏡に貼ってみてください。きっと驚くほどの効果があると思いますよ。

自分ほめルーティン　3

自分だけが知っている「自分の長所」を書き出す

時間　自分ほめルーティン1、2に慣れてきたら、時間をとる

内容　自分がいいと思う自分の長所を書き出す

効果　自分の長所に自信を持てる

ここで紹介するのは、少し自分をポジティブに受け止められるようになってきた段階で行うルーティンです。自分の長所を思いつくまま、書いてみましょう。**少なくとも50個、目標は100個見つける**つもりで、書き出してみましょう。

「そんなにたくさん思いつかない」と思われるかもしれませんね。

でも、数が少ないと、他者に認められそうな長所しか出てきません。このルーティンの目的は、「他者に認められそうな長所」を探すのではなく、どんな些細なこと

でも、自分がいいと思った自分の長所に気づくことです。

書き出していると、ふだん意識していないことを長所として絞り出している感覚になります。自分の意外ないいところに気づく人もいるでしょう。

考え出そうとしているときは脳が活性化しますし、ひらめいた瞬間には報酬系と呼ばれる部分が活性化し、ドーパミンが分泌されることがわかっています。

当たり前と思うことでも、ちょっとしたことでも、どんどん書き加えましょう。

書き出す数の多さに圧倒されて手が止まる場合は、ジャンル分けしてみると考えが整理しやすくなるのでおすすめです。

自分の短所に目が向いてしまう人は、ぜひ左のようにリフレーミング（ものごとを違う視点からとらえ直すこと）を試してみてください。

一見、短所と思われるものでも、見方を変えると役立つ場面があるものです。短所と思っていたものを長所だと思うことができたら、ますます自分が愛おしくなること請け合いです。

自分の長所に目を向けてみよう

長所がたくさん見つからないと思ったら ジャンルに分けて考えてみよう

性格
好奇心旺盛、粘り強い　など

外見
笑顔を心がけている、穏やかな印象　など

仕事／キャリア
柔軟性がある、専門知識がある　など

健康
運動を心がけている、バランスのいい食事を心がけている　など

人間関係（家族・パートナー・仕事関係者）
気遣いができる、職場のムードメーカー　など

学びと成長
本をよく読む、向上心がある　など

時間
時間を守る、効率化を考えるのが得意　など

短所と思っていたところも長所になるように 言い換えてみよう（リフレーミング）

緊張しがち → **慎重派**
１つのことが続かない → **好奇心旺盛**
大人数の場が苦手 → **１人ひとりとじっくり向き合える**
悲観的に考えてしまう → **リスクマネジメントが得意**
集中力がない → **環境の変化を敏感に感じ取ることができる**

自分の長所をたくさん見つけるのは、慣れないうちは時間がかかるかもしれません。

ですがぜひ、自分のために時間を投資してみてください。

これは自分自身を大切にしていることにほかなりません。時間を投資した分だけ、自分の長所に自然と目が向き、自己肯定感が高まっていますよ。

自分ほめルーティン 4

ほめられたらすぐ「ありがとう」と返す

時間 人からほめられたとき
内容 すぐ「ありがとう」「お役に立ててうれしい」と返す
効果 自分を認められるようになる
いい人間関係を作ることができる

日本人には謙遜を美徳とする価値観があるので、ほかの人にほめられたときも素直に受け取れない傾向があります。自分自身や身内をほめられたとき、ついつい「いえいえ、大したことはないんですよ」と言ってしまいます。

でも、脳はちゃんとその言葉を聞いています。

特に、自己肯定感の低い人は「自分の能力は大したことがない」と考えてしまうストレス思考があり、自分の長所を素直に認めるのが苦手です。まわりからほめられたとしても、謙遜の言葉のほうが自分に受け入れやすくなります。自分自身で下した「そんなことはない」という評価を受け入れてしまうのです。これでは、「大したことのない自分のイメージ」を自分でさらに強化して、脳に刷り込んでいるようなものです。

自己肯定感の高い人が多いといわれるアメリカ人の場合は、ほめられたとき、まず〝Thank you!〟という第一声で返してきます。「あなたがそう思ってくれるなんてうれしい」という気持ちが、さりげなく伝わってきます。「私ってすごいでしょう？」という傲慢な感じはまったくありません。これは相手への感謝なのです。

あなたも誰かからほめられたら、とりあえず満面の笑顔で「ありがとうございます！」と言ってみましょう。「相手がどう感じるかな……」という気持ちが出てくる前に、間髪入れずに「ありがとう」です。

誰かからのほめ言葉に「ありがとう」と返すのが微妙な状況では、「お役に立ててよかったです♪」と言うのもいいですね。

「ありがとう」の気持ちを伝えたい場面

この仕事をやってくれて助かったよ、ありがとう

（「いえいえ、大したことでは……」と口にする前に）

お役に立てたようで、うれしいです！

少しでもお役に立てたようで、よかったです！

対応が早くてさすがですね

（「いえいえ、○○さんには及びません……」と口にする前に）

ありがとうございます！

すごくわしいんですね

（「いえいえ、私などまだまだ……」と口にする前に）

ありがとうございます！

すてきなお洋服ですね

（「でもこれ、リーズナブルだったんですよ」と口にする前に）

ありがとうございます！

感謝の気持ちを伝える行為は、脳の内側前頭前野と前帯状皮質という部分を活性化させることがわかっています。
そして、内側前頭前野は恐怖を抑える働きに関わっている部位であり、前帯状皮質は報酬への期待からやる気を生み出すのに関わっている部位であることもわかっています。

反射的に「ありがとう」と言えると、自分自身をポジティブにとらえられます。謙遜するときのやや引きつった表情もなくなり、心からの笑顔で応えることができます。心からの笑顔は、会話している双方を明るい気分にしますし、ほめられたこと自体をとてもありがたく受け取ることができます。

まだ努力する余地があったとしても「現状でもほめてもらえる点があるから、今後はもっと努力していきたい」という気持ちになり、好循環が生まれます。謙遜してマイナスの気持ちからスタートするのとでは大きな違いです。

ほめた側も、ほめたことに「ありがとう」と言ってもらえるのは、気持ちのいいものです。「ありがとう」という返しは、自分のほめ言葉を肯定的に受け止めてもらえた印です。実は謙遜されるよりもうれしかったりするのです。

こうした接し方をしていると、あなたを大切に思ってくれる人とはいい関係を築いていくことができます。あなたのまわりにはどんどん、あなたを大切に思ってくれる人との居心地のよい関係が増えていきます。

ほめ言葉に「ありがとう」と返したのに、相手がトーンダウンしたり、あまりいい顔をしなければ、それはあなたが傲慢な対応をしたからではありません。キラキラしたあなたに、相手がうらやましさを感じているのです。その人は自己肯定感が低い可能性があります。ほめた側の問題で、あなたの問題ではありません。

自分自身の自己肯定感を高めるためにも、自分自身にとって居心地のいい環境を作るためにも、ほめられたときは間髪入れずに「ありがとう」で始めてみましょう。

決断・実行ルーティン 1

今日の優先タスクを3つだけやりきる

時間　1日のはじめ

内容　今日の優先タスクを3つだけ選ぶ

効果　自分で決めている実感が持てる

このルーティンでは、その日に大きいゴールに到達するのが目的ではありません。自分にとって大切なタスクをその日のうちにきちんと達成する、この習慣を繰り返すことで、自分は自分の決めたことが実行できる人であるというセルフイメージを育むことが目的です。今日やるべきことを自分で決めて、着実に実行できたということを可視化することが大切なのです。

タスクは、あえて完了できる見込みが高いもの3つを挙げて、やりきってください。

ただし、3つのタスクを実行するだけで1日が終わるような内容は避けます。半日くらいで消化できる内容が理想です。

あえて半日くらいで消化できる内容にとどめておけば、突発的な仕事が入ってきても対応できます。

自己肯定感が低い人は、他者の評価が行動の基準になっており、自分で決断したり、一歩踏み出すことが苦手です。他者に認められる結果につながるかを考えてからでないと行動できないので、優柔不断になりがちです。

でも、「自分らしさ」や「自分軸」を作るためには、自分自身の考えで決断と実行をできることが不可欠です。身の回りの簡単なところから、自分で決める、決めたことを実行する習慣を作っていきましょう。

仕事をするうえで、ＴｏＤｏリストを作っている人も多いと思います。

ＴｏＤｏリストのタスクを1つひとつ片づけて達成感を味わうことは、脳の報酬系が刺激されて快感につながります。

ですが、多すぎるＴｏＤｏリストを前に、「ああ、今日もこれとこれが達成できなかった……」と、できなかったことばかりが目につくときがありませんか？

これでは、できなかったことにフォーカスするので、逆効果になってしまいます。

まずは、今日自分がやると決めた優先タスクを3つに絞り、やりきってください。

もし、3つのタスクがその日のうちにやりきる見込みが立たないのであれば、チャンクダウン（細かいタスクに分解）する必要があります。

たとえば、企画書を書くのであれば、テーマを考える、データを集める、草案を作る、同僚の意見を聞く、などの複数の段階に分けることもできますね。ハードルを一番低くすると「とりあえず着手する」というタスクになりますが、このルーティンでは立派なタスクです。

チャンクダウンのスキルはメタ認知力の問題なので、第4章の「プロセスや要素に分けるルーティン」（186ページ）も併せてご参照ください。この過程で、タスクの優先順位を見極めたり、自分が使える時間のなかで終えられる作業量を見極めたりする力もつきます。

とはいえ、仕事の裁量権は人それぞれなので、急な仕事が入り、3つのタスクに手をつけられない、という場合もあるかもしれません。

その場合は、リストの内容を変更してもかまいませんが、急な仕事のほうが自分の3つのタスクよりも重要だと自分で判断した、という意識を持ってリストを変更しましょう。この感覚が仕事の満足度を高めていきます。

食べたいものを5秒で決める

時間　レストランでの注文のとき

内容　「これがいい」という気持ちを感じ取って行動に移す

効果　自分の決断に自信が持てる
すぐ行動に移す習慣がつく

自己肯定感を高めるために、「やりたい」「やりたくない」といった自分の最初の気持ちを感じ取って信じることの大切さは、すでにお伝えしました。

ここで紹介するのは、最初に出てきた自分の気持ちを肯定して、行動に移すルーティンです。自分の気持ちをていねいに見ていきます。

このルーティンの目的は「自分はそれをやりたいかな？」ということを自分自身に問いかける習慣を作ることです。問いに対して出てきた答えを5秒で判断して、その気持ちにしたがって行動に移します。

慣れないうちから大切なことを短時間で決めるのはリスクもあります。まずは、身近なところで楽しみながら取り組んでみましょう。

たとえば、レストランでメニューを広げたら一通り内容を確認し、「今、なにが食べたい？　今の気分の料理は何？」と自分自身に問いかけてください。ここから5秒で、食べたいと思った料理、今の気分だと感じた料理を決めます。一瞬、心に思い浮かんだその料理を注文します。価格帯が比較的そろっているランチメニューや、食べたい料理をメニューから選ぶタイプのコース料理のときなどがやりやすいでしょう。

あるいは、食事会の幹事などを引き受けたとき、お店を選ぶときにも実践できます。候補をいくつか挙げて、「どのお店に行ってみたい？」と問いかけて5秒。ピンときたお店を選びます。

書店に行ったときは、気になった本を手に取り、表紙や目次にさっと目を通します。そのとき「今の自分に必要かな？」と問いかけます。ここから5秒で、必要と感じたなら買います。

食べるもの、お店や本であれば、生活への影響も少ないので、遊び感覚で気軽に取り組めますね。こんな小さなことでも、あなたは確かに、自分の最初の気持ちをキャッチする経験をしています。

自分の最初の気持ちをキャッチすることに慣れてきたら、次は少しずつハードルを上げていきます。

たとえば、誰かに何かを誘われたとき、参加するかどうかを5秒で判断してみましょう。「私はそれに参加してみたい？」と問いかけます。ここから5秒で、感じた気持ちにしたがって行動します。

自己肯定感が低く優柔不断な人は、つい「考えておきますね」と返事をして、決

こんなとき5秒で決断してみよう

基礎編

5秒で、「いいな」と思ったものを選ぶ

- レストランで注文をするとき
- 食事会・飲み会のお店を選ぶとき（幹事になったとき）
- 書店で本を選ぶとき

応用編

5秒で、イエス・ノーを心のなかで決める

- 飲み会や食事に誘われたとき

断を後回しにしがちです。

自分のなかで、ある程度結論が出ていてスケジュールを確認して回答するつもりならいいのですが、行くべきか、行かざるべきか、その決断自体を先延ばししがちな場合は要注意です。決断が遅くなればなるほど断りづらくなる……ということも起きます。

最初に感じた「行きたい」「行きたくない」の気持ちをキャッチして早めに回答したほうが、どちらにせよお互い気持ちよくコミュニケーションできます。

断るのには理由が必要と思われるかもしれませんが、回答が早ければ早いほど大した理由は必要ありません。「その日は都合が合わないので、ごめんなさい。また機会があれば誘ってくださいね」といった回答で納得してもらえることが多いです。むしろ、回答を先延ばしにすればするほど、真っ当そうな理由を自分も相手も求めるものです。

スケジュールのように、ほかに確認すべきことがある場合は、必ずしも5秒で決断したことをすぐ相手に伝える必要はありません。

ですが、少なくとも自分の心のなかでは5秒で判断し、その心の声にしたがった行動を意識したいものです。それだけでも、返事をするまでにかかる時間はかなり短くなるはずです。

仕事がうまくいっていて生き生きとしている人は決断までの時間が短いです。

約束を取り付けるときも、参加するかしないかがはっきりしているので、アポイントが確定するまでの時間が非常に短いです。

このルーティンは、自己肯定感を高めながら、仕事力を向上させることにもつながります。

自己主張ルーティン　1

仕事を頼まれたら、即答せずに一呼吸おく

時間　仕事を頼まれたとき

内容　反射的に引き受けたり、なんとなく引き受けたりせずに一呼吸おく

効果　自分のキャパシティや自分のメリットを考える習慣がつく

自分らしく働くためには、相手の主張を受け入れるばかりではなく、自分の主張を伝えることも必要です。

自己主張というと、強く自分の意見を言うことだったり、自分の意見をなんとしても採用してもらうことが目的と思われることもあって、波風をたたせることと感じる人もいるようです。

ですが、本来は、自分の意見や考えの表明にすぎません。

自己主張には、3種類のパターンがあります（113ページの図参照）。

目指したいのは、アサーションという適切な自己主張です。

自分の考えや意見を率直に伝えるとともに相手も尊重し、歩み寄るポイントを探すコミュニケーションです。

自己肯定感が低いと、自分のなかに湧き上がる気持ちよりも、他者の意見やまわりの状況を優先する傾向があります。仕事を頼まれると、「まわりの人も同じくらいやっているから」や「断ると相手に悪い」とまわりの状況を優先してしまいます。

自分の気持ちに気づいていたり、自分のキャパシティを考えたうえであればいいのですが、自分の気持ちに気づく習慣がなければ、なんとなく反射的に引き受けてあとで苦しい思いをすることも多いです。

そうならないためには、仕事を頼まれたときに、次の3つの質問を自分に問いかけ、「引き受ける前に一呼吸おく」をやってみてください。いつもなんとなくOKしている行為に気づき、コントロールできるようになります。

・①　今の自分には、この仕事を引き受ける余裕があるかな？
・②　この仕事は、自分にしかできないことかな？
・③　この仕事を引き受けると、得られるものがあるかな？

①は自分の時間的なキャパシティを考える質問です。ほかの仕事でいっぱいいっぱいになっていないか、といったことを考えます。

②は自分の能力を考える質問です。ほかの人に頼んだらできる仕事なのかを考えます。

①で時間的なキャパシティがなく、その仕事が自分にしかできないのであれば、すでに抱える業務の一部をほかの人にアウトソースする必要があります。

その仕事がほかの人でもできることであれば、ほかの人に依頼するという手段もあります。それを見極めます。

③は自分のメリットを考える質問です。その仕事を引き受けると、対応できる仕事の幅が広がったり、スキルアップにつながったりと、成長する可能性が高まるか

自己主張の3つのパターン

① 不十分な自己主張

自己肯定感が低く、「私なんかが意見してもどうせ認められない」と意見を控える状態。

② 攻撃的な自己主張

相手を尊重せずに、自分の意見をなんとしても押し通そうとする状態。

③ 適切な自己主張（アサーション）

自分の考えや意見を率直に伝えるとともに、相手も尊重し、歩み寄るポイントを探す状態。

これを目指そう！

どうかを考えます。

仕事の幅を広げたり、新しいことにチャレンジしたりするのは、はじめは躊躇するかもしれません。

でも、変化の多い時代を乗り切っていくためにも、仕事の幅を広げられる機会は大きなチャンスになり得ます。仕事として頼まれたのは、あなたにその力があると見込んでのことなのです。

③で自分がこの仕事を通して成長できると判断したのなら、そのチャンスを積極的につかみとっていきたいところです。

ただ、①で時間的なキャパシティが足りない場合は、その仕事を引き受けるために、今抱える業務の一部をアウトソースすることも考えます。

3つの質問をするのは、仕事をすぐ引き受けるのではなくて、キャパシティやメリットを自分視点でまず考えるためです。

自分の気持ちをスルーしがちな人は、その仕事を引き受けるキャパシティがあるか、あるいは引き受けてみたいかという自分の状況をまず確認することが大切です。

慣れてきたら決断・実行ルーティン2（104ページ）のように、短時間で自分の状況をつかむことができます。

自分の時間的なキャパシティが十分で、自分にとってのメリットもあるのであれば、その仕事を引き受ければいいでしょう。

意見が対立したら、いきなりＮＯと言わずに交渉する

時間　相手と意見が対立したとき、できない仕事を打診されたとき

内容　自分の状況を説明するとともに、相手と一緒に最善策を考える

効果　双方がWin-Winで折り合えるポイントを探すことができる

仕事を頼まれたときは、必ずしも断るか引き受けるかの2つしか選択肢がないわけではありません。

相手と自分の意見や目的が違ったときは、自分の状況を確認したうえで、仕事を依頼してきた相手と一緒に最善策を考える交渉力が必要です。

課題解決が必要な場では、お互いに自分の考えや意見を出し合うことが大切です。かといって、感情的な話し方では、うまく伝わりません。

建設的な話し合いをするためには、相手を尊重しながらも自分の意見がしっかり

伝わる伝え方（アサーション）をする必要があります。

こうした場面はDESC法という表現方法を使うのがおすすめです（119ページ参照）。

たとえば、依頼された仕事を断りたい場合、まず自分が対応しようとしている事柄の状況や相手の行動を客観的に伝えます（Describe）。

「○○の仕事を打診いただきましたが……」と先に具体的な事実を描写し、伝えます。ここですぐ「この仕事はムリなので……」といった主観的な表現は使いません。

次に、描写した具体的な事実に対して、「私は～のように考えています」のように、「私」を主語にして自分の気持ちや考えを伝えます（Explain）。

ほかの仕事を抱えていて忙しいのであれば、「私は△△の仕事を抱えていて、今は難しい状況です」と伝えます。「こんなに忙しいのに、私を指名するなんておかしくないですか？」といった相手の言動を攻撃する表現や言い方は避けます。

そのあとに、自分の希望や代替案などを提案します（Suggest）。それぞれの事情も考慮しつつ、現実的に実行できる、相手が譲歩できるような提案をすることが大切です。

このとき、複数の選択肢を用意しておくと、相手にとっても受け入れやすくなります。

また、自分の提案に相手が「YES」と返す場合、「NO」と返す場合、それぞれに対する対応を考えておくことも大切です（Choose）。

「このままでは引き受けられないけれども、頼まれた仕事の内容には興味がある」ということを含めて伝えると、前向きな姿勢として受け止められるものです。

仕事を頼んだ相手も、あなたに引き受けてもらえる状況にできるように協力したい、という方向に意識が向きます。

自分自身も、仕事を依頼してきた相手と一緒に調整する過程で、自分の状況の把握や自分の仕事の優先順位付けも含めて、自分のキャパシティに収まる方法を考え

DESC法の4つのポイント

❶ D（Describe）
描写する
現在の状況や事実を客観的に伝える

❷ E（Explain）
説明する
自分の状況や考えを伝える
＊Express（表現する）、Empathize（共感する）という場合もある

❸ S（Suggest）
提案する
自分の希望を提案として伝える
＊Specify（具体的に特定する）という場合もある

❹ C（Choose）
選択肢を考える
相手が自分の提案を受け入れられない場合も想定して対応を考える

られるようになります。

仕事をただ断ると、頼んだ相手は理由がわからないので拒否されたようにとらえられ、うまく折り合うことができません。ＤＥＳＣ法を参考に順を追って自分の状況を説明し、選択肢を提示しながら相手の意見も聞く姿勢を示せば、お互いに納得のいく結論に導くことができます。

アサーションでは、自分の意見を表現することも大切ですが、同様に、相手の意見も尊重してお互いが納得いく点を見出す態度が大切です。

そのためには、自分のキャパシティを客観的に把握したり、まわりのリソースに目を向けておくことも必要ですね。これをする方法は客観力強化ルーティン３・４（１７６〜１８２ページ）でお伝えしますので、併せてご参照ください。

時間的なキャパシティは不十分だが引き受けてみたい気持ちはある場合

「仕事に興味はあるけれど、今の仕事量では余裕がない」を伝える

① 事実の描写（Describe）

「○○の仕事を私にということですね。大変興味深いお話をありがとうございます」

② 自分の考えの説明（Explain）

「ただ、今私は△△の仕事を抱えていて、今月いっぱいはそちらにかかりきりになりそうです。このままではお引き受けするのは難しいです」

③ 提案（Suggest）

「たとえば、今の△△の仕事の一部をどなたかに担当いただくか、あるいは○○の仕事に来月から着手することが可能でしたら、お引き受けできるのですが、ご検討いただけないでしょうか？」

《相手が難色を示す場合》

相手の条件を聞き（ ノーと言われた場合の対応も考えておく（Choose））、さらに話し合って合意できる点を探る

時間的なキャパシティが不十分で
今の自分の仕事を優先したい・
自分は適任ではないと思う場合

打診されたことに感謝を示しつつ断る・
代替案を示す

① 事実の描写（Describe）、**② 自分の考えの説明**（Explain）

「打診いただいたのはありがたいのですが、今は余裕がないので私が引き受けるのは難しいです」

③ 提案（Suggest）

「この仕事は○○さんが得意なので向いていると思いますが、いかがでしょうか？」

代替案を示すと、頼みごとをしてきた人に
「協力したい思い」が伝わる

自分軸ルーティン 1

「ずるい！」と思ったら、「私もそうなりたい」とつぶやく

時間 「ずるい！」と思ったとき、不公平さが気になったとき

内容 「私もそうなりたい」と声に出す

効果 本当の自分の気持ちに気づける

自己肯定感が低いと、自分の持っているものよりも、ほかの人が持っているものに目が向きがちです。まわりの人のキラキラとした生活や活躍に、必要以上にうらやましく感じます。それがさらなる自己卑下やねたみ、さらには相手を否定する嫌悪感に変わることすらあります。

ねたみの感情を持つとき、身体的な痛みを処理する脳の前部帯状回という部位が関連していることがわかっています。つまり、**ねたみの感情は痛み**なのです。ねた

みの感情をそのままにすると、その痛みを避けようとする行動をしてしまいます。たとえば、自分がほしいものを持っている人の欠点をあげつらったり、相手を否定や攻撃したりすることで、持っていない自分を正当化するなどです。自分はそれを持つに値しないと自己卑下し、かわいそうな自分を演じて、痛みを避けようとする場合もあります。

こうならないためには、ねたみの感情と痛みのつながりを切る必要があります。これは単にねたみを感じないようにするのではありません。むしろ、ねたみの感情の「うらやましい」というポジティブな面を探るのです。

「うらやましい」気持ちは目標や夢に気づくサイン

「うらやましい」という感情は、自分にとって有利で好ましい状況に気づかせてくれる役割があります。「うらやましい」という感情がわくのは、自分にとって心地よい、望んでいる要素がそこにあるというサインなのです。

「うらやましい」という感情の裏に押し込めていた、自分の望みにまず気づくことが、ねたみの感情と痛みのつながりを切る一歩です。

あなたが「ずるいな」「うらやましいな」と思ったときは、「私もそうなってみたい！」「私もそれがほしい！」とつぶやいてみましょう。独り言でかまいません。

自分には値しないと思ったり、それを持っている人の欠点を探そうとしているときよりも、ずっと軽い気分を感じるはずです。

「私もそうなってみたい！」と口にしたら、案外「なんだ、私ってそれがほしかったんだ。そうなりたかったんだ」ということに素直に気づけます。

これは、自分を温かく見守る感覚です。自分の感情を認められると、「いつか手に入れてみてもいいかもね」という気分になったり、「手に入れた人は、どうやってそこにたどり着いたのかな」という視点で考えられるようになるのです。

この段階では、手に入る時期や、手に入れる手段については一旦脇に置いておきましょう。時期や手段は、自分の望みを明らかにしたあとで、メタ認知力を使って考えていきます。大切なのは、「いつかそういうものを手にしてみたい」という自分の望みに気づいて、受け入れる視点を持つことです。

自分の望みを自分で認められるようになると、望みを押し込めるために理由を考えていたことがバカらしくなります。

すると、嫉妬で他者を否定したり攻撃する状態から、それを手に入れるための方法を本気で考えられる状態になるのです。

自分軸ルーティン 2

「ずるい！」と思ったら、「どの部分が？」と考える

時間 「ずるい」「くやしい」「うらやましい」と思ったとき

内容 「本当にほしいもの」と「こだわりのないもの」を分ける
メリット・デメリットの双方を考える

効果 自分が本当にほしいものを見つけられる
人は人、自分は自分の感覚を持てる

誰かに嫉妬するとき、うらやましいと感じていても、必ずしも自分が本当にほしいもの、なりたい状態ではない場合があります。あの人がうらやましいけれど、同じにはなりたくないな、という場合です。嫉妬している対象には、実は**自分が本当にほしいものとあまりこだわりのないもの**が混じっていることもあるのです。

「自分らしくある」とは、「自分が本当にほしいもの」を見極めていくことにほかなりません。そのためには、うらやましいと感じたときに、**何のためにそうなりた**

いのかを深掘りすることが大切です。

ここで、「管理職」について考えてみましょう。

管理職には、サポートしてくれる部下がいて、裁量権や自由度の高さ、対外的なことがらに対する発言権や決定権があるものです。こうしたことを、うらやましいと思う人もいるでしょう。

でも、管理職には責任の大きさ、部下の仕事をカバーするための時間などの負担もともないます。管理職になることは、必ずしもいいことばかりではないのです。

嫉妬しているときは、往々にして表面的なメリットしか見ていない場合が多くあります。メリットとデメリットの双方をよく考えて、自分が本当にほしいものを見極めるのが大切です。

メリットとデメリットの双方を見ることができると、自分が本当にほしいもの、あまりこだわりのないものを分けて、自分の望みや憧れる状態が明確になります。

自分にとってメリットのほうが大きければ、デメリットも受け入れると覚悟して進むことができますし、デメリットのほうが大きければ、「必ずしも実現しなくてもいいかも」という気持ちに落ち着きます。

そして、自分の望みや憧れる状態が明確になればなるほど、うらやましかったはずの状態がさほど気にならなくなります。というのは、自分の望みは、うらやましさを感じたその人とまったく同じ状態になりたいわけではないことに気づくからです。人は人、自分は自分、という感覚が育ちます。

人は人、自分は自分という感覚を持つ人は、自分が本当に手にしたいものが明確なので、うらやましいと思った相手をねたむのではなく、どうやってそれを手にしたのかという過程に興味を持ちます。自分がそれを手にするためにはどうするかということを考え始めます。

ねたみを他者にぶつける人が手に入れられないもの

かつて私は「資格を持っているからって優遇されてずるい」という自分に対する陰口を耳にしたことがありました。

でも、陰口を言っていると思われた人たちは、その資格にチャレンジしようとしない人ばかりでした。そういう人は、チャンスの多い環境がほしいと思いながらも、実現するためのスキルアップには取り組みたくないという、矛盾した思考に気づいていません。

チャンスがほしいと思うのであれば、それを実現するために、うらやむ相手と同じ行動をとるよう覚悟を決めるべきですし、同じ行動をしたいわけではないのであれば、ほかの方法を見つけるしかありません。

「くやしい」「うらやましい」と思ったとき、覚悟を決めて乗り越えてきた人は強いです。「なんとしてもスキルアップしてそこを目指す」というパワーがあります。

そうした人は「どういう準備が必要だったのですか？」と過程を聞くことが多く、目標に向けてさまざまなことを吸収しながら行動し、いつの間にか目標を実現していきます。

また、自分が本当にほしいものに対して覚悟を持って行動する人には、ねたみの感情を他者にぶつける人が手にできないものがあります。

それは、人とのつながりです。

「○○さんは優遇されていてずるい」と言われた側からすれば、あまりいい気はしませんし、むしろその人と距離を置こうとします。

つまり、ねたみの感情を他者にぶつける人は、自分の目標実現のために一番効果的な方法を知っている人とのつながりを、自ら断っているのです。

自分が本当にほしいものに対して覚悟を持って行動する人は、実現するための具体的な方法を聞きますし、応える側も自分の経験を役立てられるのでうれしい気持ちになります。その人の夢を応援したくもなるものです。

覚悟をもって行動する人は、目標の実現のために役に立つ情報やサポートをまわりから受けられるのです。

「うらやましい」という感情を深堀りして、自分が本当に手にしたいものを見極められると、自分軸が整うだけではなく、それをサポートしてくれる人も集まるというオマケつきなのです。

自分軸ルーティン 3

「これがあってありがたい」と思えるものを探す

時間　まとまった時間かとれるとき　1〜2時間

内容　自分がすでに持っているもの、感謝できるものを書き出す

効果　他者と比べる気持ちがなくなる
自分のあるものに感謝できる

自己肯定感が低いと、ほかの人が持っているものに目が向きがちで、自分がすでに持っているものの良さに気づきにくいところがあります。

「隣の芝は青い」ということわざのように、ほかの人が手にしているものが実際以上によく見えるのは、裏を返せば、自分が持っているものの良さを軽視し、それらに感謝できていない状態でもあります。

自分ほめルーティン3（91ページ）では、自分の長所を少なくとも50個、100

日常の「ありがたいこと」を探してみよう

あなたの職業人生を支えている
ちょっとしたことにも目を向けてみよう

- 職場は通勤の便のよいところにあってありがたい
- 職場では専用の机が与えられていてありがたい
- 職場の同僚の○○さんはいつも私のことを気遣ってくれてありがたい
- 月々安定してお給料をもらえてありがたい
- 月々お給料をもらえるから、○○ができている
- 家族のサポートがあるから、仕事をがんばれる
- 毎日仕事に取り組む気力と健康があってありがたい

迷ったらジャンルに分けて考えてみよう

- 職場の環境
- 職場の同僚
- 取引先、顧客
- 持ち物や服装
- 住んでいる環境
- 家族・健康状態

個を目標に書き出していただきました。

ここでは、自分が置かれている環境や持っているものを書き出していきましょう。こちらも、思いつくまま、少なくとも50個、目標は100個です。

どんなに些細なことでもかまいません。133ページのような「これがあってありがたいな」というものを挙げてください。

些細なことかもしれませんが、これらがなかったらあなたの職業人生はそもそも成り立っていないかもしれません。そう考えると、些細なことがとてもありがたいと思えます。

ジャンル分けしたほうが書きやすい場合は、ジャンルも参考にしてください。

書き出すと、環境に恵まれていることや、働いていることで実現できていることにも気づけます。「自分の置かれている状況も捨てたものではない」という安心感につながります。物質的な面からも、いまの自分の状態にもよいところがある、という感覚を育てることができます。

自分軸ルーティン 4

「お金をかけずに心が満たされること」を見つける

時間 少し時間をとって（30分〜1時間）
内容 幸せを感じる行動を10個リスト化する
効果 日々の小さな幸せを見つけられる

自己肯定感が低いと、幸せや成功をまわりの人や世間一般の基準で考えがちです。ノーベル経済学賞を受賞したプリンストン大学のダニエル・カーネマン博士らの研究によると、年収7万5000ドル（当時のレートで日本円にして約800万円）までは収入が上がるにつれて幸福度も高まりますが、それ以上になると、収入が増えても幸福度は頭打ちになるという結果がでています。

調査によっては満足度がピークとなる年収は若干変わるものの、いずれにしても、収入が多ければ多いほど幸福度や満足度も高まるわけではないのです。

もちろん高い収入を得たり物質的に豊かであることは、豊かな生活を送るうえでは大切です。

ただ、経済面や物質面の欲求はキリがないものです。経済的なものや物質的なものに成功の定義をおいたり、多ければ多いほうがいい、「もっともっと」という感覚でいると、人生全体の満足感が鈍ります。

ここでは、人生全体の満足感を取り戻すために、自分が幸せを感じる行動リストを作ります。自分が幸せを感じる行動を10個書き出してみましょう。

ただし、条件があります。書くことは、さほどお金もかからず、健康的で、気軽に取り組めて、心がほんわかと幸せな気分になれる行動にしてください。

自分が幸せを感じる行動リストに、仕事の結果に左右されずに仕事の合間でもできる行動を入れると、仕事の合間に気分転換をしながら幸せを感じることができるのでおすすめです。

仕事の合間に取り入れられる
幸せアクション

- コーヒーをお気に入りのマグカップで飲む
- ランチにお気に入りのレストランで○○を食べる
- 職場に近い○○公園に寄って深呼吸する
- 仕事の合間に家族の写真を眺める
- お気に入りのマイ文房具を使う

幸福学研究の成果によると、幸福度の高い従業員はそうでない人と比べて、創造性が3倍高く、生産性は31％高く、売上は37％高いことがわかっています。また、幸福度は、印象に強く残るような幸せな出来事を1回経験した人よりも、ささやかで小さな幸せを度々感じている人のほうが高い傾向があることもわかっています。

リストを活用して幸せアクションを日常に取り入れていくと、幸せを感じる瞬間を増やしていくことができます。リストを作って、世間一般の基準に依存しない幸福度を高めていきましょう。

自分軸ルーティン 5

「悪いがんばり」になっていないか振り返る

時間 がんばり続けて疲れているとき

内容 良いがんばり（自分軸）と悪いかんばり（他人軸）に分ける

効果 暴走する承認欲求を自分でゆるめられるようになる

自信の裏付けが、ありのままの自分を認める自己肯定感よりも、他者やまわりとの比較のうえでの成功体験にあると、行動基準や目的が他者からの評価を得ることになりがちです。

でも、他者からの評価も実は曖昧で、上を見れば際限がありません。

「マズローの欲求5段階説」では、人間の欲求は141ページの5つの階層に分かれているといわれます。低い階層の欲求が満たされると、より高い階層の欲求を欲するようになる、とされています。生理的欲求、安全の欲求、社会的欲求は、単純に物理的に満たせば、落ち着いていきます。

ところが、承認欲求は少し違います。

子どものころは、自分の能力の高まりとともに他者から認められる場面もあり、評価された感覚に満足を覚えて欲求が満たされたと感じることがあります。承認欲求は意欲ともつながるので良い面もあります。

ただ、他者からの評価は往々にして自分ではコントロールできないものです。何事も上には上がいるので、他者の評価で満たしていく方法だけでは、いずれ満たされなくなるのです。すでにムリをしているのに、それに気づかずがんばり続ける。そんなことが起こります。

ムリをし続けるスパイラルから脱するためには、暴走している承認欲求に気づき、自らの力で欲求をオフにする力を身につけることが大切です。

マズローの欲求５段階説

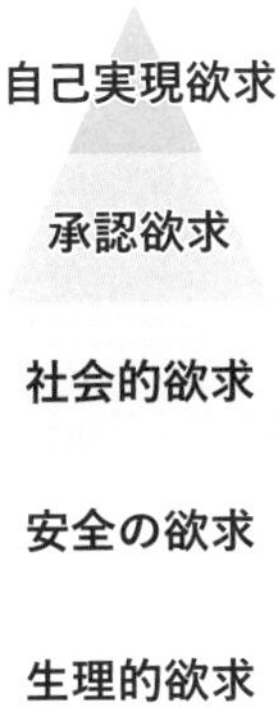

5 自己実現欲求
自分の価値観に基づいて自分らしくありたい欲求

4 承認欲求
他者から認められたい欲求

3 社会的欲求
集団に所属したり仲間を得たい欲求

2 安全の欲求
安心・安全に暮らしたい欲求

1 生理的欲求
生きていくための本能的な欲求（食欲など）

良いがんばり・悪いがんばりの見分け方

ここでは、今のがんばりが良いがんばりなのか、悪いがんばりなのかを区別する方法を紹介します。判断基準は**自分軸の行動か他人軸の行動か**です。

今の自分のがんばりを振り返って、**自分の力を伸ばすことに喜びを見いだせる**行動ができていれば、それは自分軸の「良いがんばり」です。

一方、**「もっと上を目指さなければ」など、他者評価を求めることが**行動の原動力になっているのであれば、それは他人軸の「悪いがんばり」です。

他人軸ベースの行動が多いなと感じたら、左のようにあなたの1つひとつの行動を見直しましょう。

ただ、行動を見直すのは、言うは易し、行うは難しです。

これまでがんばることで成功体験を積み重ねてきていると、がんばることをやめ

良いがんばり・悪いがんばりの見分け方

良いがんばり

- 自分のスキル／能力が高まることに主眼がある
- 自分への働きかけで完結している。自分でコントロールできる
- 評価軸が自分基準、あるいは絶対基準

悪いがんばり

- 競争に主眼がある
- 他者や環境を変えようとする。自分ではコントロールできない
- 評価軸が他者基準（流動的）

《「年収を上げたい」「高い成績を上げたい」場合》

良いがんばりのときの気持ち

- 他者貢献ができるよう成長したい
- 自分の幅／可能性を広げたい
- 理想のライフスタイルを実現したい（ワクワク）

目標例1

仕事で〇〇ができるようになる

試験問題で〇点以上とれるようになる

悪いがんばりのときの気持ち

- 会社で一目置かれる存在になりたい
- できる人と思われたいから、見下されたくない
- 豊かであるステータスを手に入れたい（見せびらかしたい）

目標例2

〇〇さんより良い成績・実績を残す

るのは、すべてを手放すような気がして怖くなるからです。

だからこそ、「ありのままの自分に価値がある」「他者の評価を手放しても、自分自身の価値は変わらない」という、自己肯定感を高めるのが大切なのです。

「努力すればなんとかなる」というのは「押す手段」しか持ち合わせていない状態です。自己肯定感を高めると「引く手段」もあることに気づくことができます。この自己肯定感が気づかせてくれる「引く手段」が、暴走した承認欲求を自らの力でオフにする力になるのです。


私も努力で成功体験を重ねてきたタイプなので、努力しない自分にも価値があると腹落ちするまでにずいぶんと時間がかかりました。

でも、マズローの欲求5段階説では、承認欲求の次に自己実現欲求があります。それは、自分の価値観にしたがって自分らしい人生を切り開いていくフェーズです。がんばることをやめるのは勇気がいりますが、次のフェーズに身を置いていくためにも、このルーティンは時間を費やす価値のあることなのです。

第4章

メタ認知力を高めるルーティン13

「できる」「うまくいく」選択肢を見つける

メタ認知力を高めるのは、「全体を見る習慣」

あなたは仕事でトラブルが起こったとき、「何回も言ってるのに、なぜ伝わらないんだろう?」や「何を言ってもムダだな」と思って、あきらめてしまうことはありませんか? そんなときに力を発揮するのがメタ認知力です。

メタ認知力には、脳の前頭前野が関わっていることがわかっています。前頭前野は、思考や意思決定に関わる外側部《がいそくぶ》、動機づけや社会性に関わる内側部《ないそくぶ》と眼窩部《がんかぶ》で構成されていて、脳の司令塔ともいわれています。

メタ認知力は、自分の主張だけを押し通そうとするwin-loseや、相手の主張ばか

りを飲み込むlose-winではなく、お互いに助け合いながら互恵関係を築くwin-winを目指すために必要です。

メタ認知力を備えていれば、まわりとも柔軟に折り合っていけますし、自分の思い込みにも気づくことができ、仕事で余計なストレスを抱えることもありません。

では、メタ認知力を高めるにはどうすればいいのでしょうか。

メタ認知力を高めるポイントは2つあります。

1つは、誰でも納得できる指標を探したり、複数の例を探すなどの習慣をつけることです。自分の置かれている状況を客観的視点で観察し、意思決定することを心がけます。

もう1つは、自分の考えや行動など、自分の内面から湧き上がる気持ちや思考を振り返ること（内省）です。

また、メタ認知力を使って最適な選択をするためには、そもそも自分のなかに行動パターンのストックを持っている必要があります。行動パターンのストックがなければ、適切な判断ができても、方法を選びようがないからです。

行動パターンのストックを増やすためには、多様な場面や価値観の多様性に対応できるだけの経験をする必要もあります。

多様な状況、多様な価値観に対応できる行動パターンのストックがあれば、まわりの人との間にwin-winの関係を作ることができます。

さらに、最適な選択をするためには、目的に対して実行できる小さなプロセスに分解して考える力も必要です。

いきなり大きな変化をともなう行動をしても、失敗する可能性があります。確実に実行・検証ができる行動に分解して考えるスキルも身につけたいところです。

自己肯定感とメタ認知力の両方を高めると、新しい挑戦をするときや、苦手なことをやらなければいけないときでも、今から取り組めそうな〝小さな一歩〟を見つけることがうまくなります。それが得意な人を巻き込むのもうまくなって、気づいたら問題を乗り越えています。

メタ認知力が高い人・低い人の特徴

メタ認知力が高い人

- 柔軟性がある
- 観察力がある
- まわりの意見に耳を傾ける
- win-win を考える

メタ認知力が低い人

- 考えが固定しがち
- １人よがり
- 自分の意見を押し通そうとする

そして、誰かから注意や反対をされたとしても、アドバイスと攻撃を区別できるようになります。

「上司は私を攻撃しているのではなく、成長してほしいからアドバイスをくれている」と前向きにとらえられるようになるのです。すると、上司の側にも、「自分のアドバイスを受け入れてくれている」という印象が伝わり、結果として上司との関係性が良くなります。

状況を冷静に受け止められるようになると、まわりに与える印象まで変わってくるのです。

第4章では、日常でメタ認知力を高める方法をくわしくお伝えします。

部分より全体を見る意識を持とう

この章で紹介するルーティンでは、「ほかの見方はないかな？」「あの人の立場ならどう考えるかな？」と、さまざまな視点に思いを巡らせてみましょう。「木を見るより森を見る」を心がける戦略がうまくいきます。楽しみながら、メタ認知力を高めていきましょう。ルーティンは次の5段階になっています。

1 選択肢を増やすルーティン

メタ認知的知識（過去の経験を踏まえて行動を決定する基準となる知識）を増やすルーティンです。多様な価値観や対応方法を知ると、次の選択肢（行動パターン）が増えます。その結果、状況に応じて、より適切な対応ができるようになります。

2 客観力強化ルーティン

まわりとうまく折り合うために必要な、客観的視点を養うルーティンです。主観的な判断に頼るのではなく、事実やデータなど客観的な指標で判断したり話をする習慣を作ります。

また、相手の状況を観察し、相手の立場も尊重しながらwin-winの関係になるコミュニケーションがとれます。

3

プロセスや要素に分けるルーティン

行動の大きさを調整するルーティンです。継続的にPDCAを回せる、実行と検証ができる行動に分けることで、行動を起こしやすくなりますし、継続もしやすくなります。行動を客観的に分析する力を育むと、行動力も高まります。

4

内省力ルーティン

ストレス思考を探るルーティンです。モヤモヤとした言葉にならない感情を持っているだけの状態から、言語にしたり質問したりして掘り下げて、ストレス思考に気づいていきます。

5

ストレス思考を再解釈するルーティン

ストレス思考を見つけ、解釈し直すルーティンです。客観的な思考をうながす質問によって、ストレス思考の内容が必ずしも真実ではないことに気づいたり、自分を力づけるのに役に立つ思考に変えていきます。

メタ認知の分類

メタ認知的活動
メタ認知的モニタリングとメタ認知的コントロールの部分をまとめた呼び方。私たちはメタ認知的知識をもとに行動を起こすが、現在の状況は過去の状況とは必ずしも同じでない。メタ認知的活動を通じて、現在の状況に照らし合わせて行動の結果を予測したり、行動の内容を修正したりする。
まわりに誤解される行動をする人は、行動の結果の予測や振り返りのプロセスであるメタ認知的活動に関するメタ認知力が不足している傾向にある。

メタ認知的モニタリング
メタ認知的知識に基づく行動が適切かどうか、現在の状況に照らし合わせて予測したり分析したりすること

メタ認知的コントロール
行動の内容を修正したり変更したりすること

メタ認知的知識
過去の経験を踏まえて行動を決定する基準となる知識

1〜3のルーティンは、メタ認知的活動（行動が適切かどうか、現在の状況に照らし合わせて予測したり、行動の内容を修正したりすること）に関するメタ認知力を高めるのに役立ちます。

4と5のルーティンは、モヤモヤとした感情から思考グセを探り、ストレス思考を手放していくためのルーティンです。メタ認知力強化のためのルーティンではありますが、自己肯定感を下げているストレス思考に対応するためにも活用できます。

選択肢を増やすルーティン 1

「仕事以外の自分の役割」に目を向ける

時間 1日のなかの少しの時間

内容 仕事以外の自分の役割に目を向ける

効果 人生全体の満足度に目を向けられるようになる
思考がやわらかくなる

仕事で悩みを抱えているときは、仕事のことばかり気になって視野が狭くなっているものです。

でも、狭い視野で解決策を考えようとしても、良い考えはなかなか浮かんできません。解決策は、幅広い視点からものごとを見たときに、ふとほかの部分から見つけられることが多いからです。

このルーティンでは、仕事だけではなくプライベートも含めた自分の役割を見直し、視野を広げていきます。

キャリア理論に、「ライフステージに応じた役割」に着目した、ドナルド・E・スーパーによるライフキャリア・レインボーと名付けられた考え方があります。これは、人が一生涯に果たす役割を7つに分けて、キャリアには職業だけではなく、さまざまな役割も含まれることを提唱したものです。

このルーティンでは、ライフキャリア・レインボーの7つの役割を参考に労働者以外の役割にも着目して、今の自分の活動内容や満足度、それぞれの役割に注力している割合について考えてみてください（左ページ参照）。

人生全体から自分を俯瞰すると、自分にはさまざまな側面があり、仕事は自分の役割のなかでも1つの側面にすぎないことがわかります。

また、仕事以外の役割では充実していることに気づくと、人生全体の満足度にも目が向きます。問題の大きさに対する感じ方が変わるのです。

また、プライベートの役割ではうまくいっていることに気づいたら、「仕事での役割の思考・行動パターン」と「（うまくいっている）プライベートの役割での思考・

ライフキャリアを7つの役割で考える

行動パターン」を比べることができます。

うまくいっている役割での思考・行動パターンを仕事でも取り入れられないか、取り入れるためにはどうするべきかを考えられると、仕事だけを考える場合よりも発想が豊かになり、やわらかい思考を持ちやすくなります。

余談ですが、「キャリア」はラテン語の「carraria(轍)」が語源になっているということはご存知でしょうか。轍《わだち》が転じて、「人生の軌跡こそがキャリア」ということです。キャリアは本質的には仕事だけにとどまらないのです。

選択肢を増やすルーティン 2

本やメディアで「うまくいく方法」を探す

時間　日頃から・日常で困ったとき

内容　自分の困ったことを解決してくれる本やメディアを探す

効果　効果的に試行錯誤できるようになる

困ったときにうまくいく行動を選べるようになるためには、自分のなかに行動パターンのストックがあることや、さまざまな価値観を知っていることが大前提です。「知っていること」と「できること」は違いますが、まず知識がなければできないのもまた事実です。

ここでは、うまくいく方法を探したり、知識として多様な価値観の存在を理解する方法をご紹介します。

気軽に取り組めてコストパフォーマンスが高いのは、本やメディアで紹介されている方法を実際にやってみることです。

本はうまくいく方法の宝庫です。書店に並ぶ本を見回していると、さまざまな立場の著者がうまくいく方法、転機を乗り越える方法を惜しみなく提供してくれています。

私自身、仕事の効率を上げたいとき、転機のまっただなかにあるとき、多くの本からヒントを得てきました。

最近では、著者がＳＮＳや、Voicy や YouTube といった音声や動画で情報を発信していることも多いですね。これは！という著者をフォローすると、本と併せてさらに深い気づきにつながることも多いです。

ただし、本からの知識は、一定の分野で成果を出している人がある程度一般化したうえで書いているので、自分の仕事や働き方に合わせるために工夫やアレンジが必要な場合もあります。

自分に合った情報の選び方

成功者のメソッドを手に入れたい

- 専門家 / 実績のある人が書いた本
- 専門家 / 実績のある人が書いたウェブ記事

生活の知恵を手に入れたい

- ウェブメディア
- 雑誌
- 一般の人が投稿できるウェブサービス
- 口コミサイト

〈信頼できる情報の見分け方〉

- 情報の出所を明らかにしながら記事が書かれている
- データに基づいている
- 運営団体に信頼性がある（信頼のおけるメディアはブランド維持のために、信頼度の高い情報を選んで記事にしている）

「少し工夫が必要だな」「自分の分野に近い人の例が知りたいな」と思ったときには、ウェブメディアや雑誌などのメディアの記事を見てみるのがおすすめです。インタビュー記事や読者の声など、より身近に感じられる人のリアルな情報を手に入れることができます。うまくいく方法を探して、やってみましょう。

とはいえ、今では誰もがインターネットで気軽に発信できるようになったので、飛び交う情報は玉石混交です。

信頼性が高く、良質な情報を発信するメディアを見極める視点を持ち、取捨選択しながら、自分に合った良質な情報を手に入れることが大切です。

さまざまなメディアを活用しながら、効率的に選択肢を増やしていきましょう。

選択肢を増やすルーティン 3

身近な人間関係から役立つ知恵を探す

時間 日頃から

内容 仕事以外の人間関係を作り、〝いい塩梅〟の情報を手に入れる

効果 ものごとに柔軟に対応できるようになる

本やメディアは、うまくいく情報が注目を集めやすいという事情から、実際の生活の小さなつまずきに対応する微妙な機微を表現しにくい傾向があります。言葉になりにくい〝いい塩梅《あんばい》〟の情報を手に入れるには向いていません。

実際の生活で活かすとなると、身近な人の本音や価値観、失敗をうまく避ける知恵など、言語化されづらい微妙な機微が役に立つこともあります。これは、リアルな人間関係から見つかることが多いものです。

本やメディアの情報のみならず、人との関わりの中からのリアルな情報も大切にしていきたいところです。

そこで、ぜひやってほしいのが**サードプレイスを持つこと**です。

サードプレイスとは、場所ではなく、人間関係のサードプレイスです。家族でも仕事関係の人でもない、**第3の人間関係**が自分の視野を広げるのに役立ちます。

趣味の仲間でもいいですし、一緒にスキルアップを目指す勉強仲間でもいいでしょう。地域のコミュニティにいる人たちでもかまいません。仕事や家庭以外の、直接人と話せる場所で育まれる人間関係が、サードプレイスです。

仕事や家庭の人間関係にとどまらず、さまざまな価値観を持っている人のなかに飛び込むことで、思いがけず視野が広がることがあります。

私自身は、SNS上で共感できる人を見つけたとき、その人のセミナーに参加してみたり、主催されているコミュニティに入ってみたり、というきっかけで輪を広げています。

仲間からはたくさんの〝気づき〟がもらえる

また、自分で仲間を募ってグループを作るのもいいでしょう。

私はキャリアコンサルタントの養成講座を受けていたとき、受講生限定のFacebookグループを作りました。

オンライン講義で受講生同士の交流がほとんどない状況だったので、勉強仲間を作るために、思いきってグループへの参加を受講生に呼びかけたのです。

その結果、さまざまなバックグラウンドの方が全国から参加してくださり、試験勉強を楽しく乗り越えることができました。

そこでは価値観がゆさぶられるこんな経験もありました。

かつてバリキャリ路線を歩んでいた私は、「育児をしている素振りを見せずに、仕事をするのが大切だ」と思い、ムリを重ねた結果、体調をくずして最前線を退いた経験があります。当時のことを勉強仲間に話したところ、こう言われたのです。

「育児で大変な時期なら、アクセル全開で仕事をしなくてもよかったのでは？」と。

「アクセル全開で仕事をしない、という考えの人もいるんだ！」と、私にとっては価値観が揺さぶられる大きな出来事でした。

この友人の言葉を前に聞いていたとしても、目の前に現れたチャンスはすべてつかむのがモットーなので、バリキャリ路線のままで仕事をしていたかもしれません。

でも、「がんばるしかない」「それ以外の道は脱落と同じ」と凝り固まった考えのまま突き進むのと、「アクセル全開でやらなくてもいい時期もある」という価値観も知ったうえで進むのとでは、大違いです。

後者の価値観を知っていれば、がんばりどきと力をゆるめるときと小刻みに切り替えて、細く長く成果を出す選択ができます。

生活のなかにある他者の本音や価値観に触れることは、自分の中の選択肢を広げます。自分の意志や選択は変わらないとしても、「それは私はやりたくないからやらない」と自分で〝行動を選んでいる感覚〟を持てるはずです。

客観力強化ルーティン 1

関係性を大切にする伝え方に変える

時間 相手と意見が対立したとき

内容 相手の立場を考えた最適解を探すコミュニケーションに変える

効果 粘り強く人と接する力が身につく

一生懸命に提案しているのに、なぜか自分の意見が通らない。そんな悩みも多いものです。

仕事でのコミュニケーションの取り方を考えるうえでは、ハーバード大学のロナルド・ハイフェッツ教授が提唱した組織論の概念がとても役立ちます。

教授の定義によれば、「こういう状況ではこの方法を使えばよい」という既存の知識や方法で解決できる問題を**技術的問題**といいます。

一方、既存の知識や方法で解決できない複雑な問題を適応課題といいます。

つまり、意見の内容や方法の正しさだけではなく、さまざまな関係性を考慮して最適解を見つけなければいけない問題もあるのです。

正しいことを伝えているはずなのに意見が通らないという状況は、意見の内容や方法の正しさだけではなく、関係性も考慮しなければならないときです。自分の意見や方法の押しつけをしてしまっていることが往々にしてあります。

関係性を考慮した最適解の見つけ方の1つとして、埼玉大学・経済経営系大学院の宇田川元一《もとかず》准教授は、その著書『他者と働く』（NewsPicksパブリッシング）の中で、ハイフェッツ教授の理論を日本人が実践しやすいように修正し、次の4つのステップにまとめています。

ステップ 1

準備 「自分と相手の価値観は違う」と考える

自分の意見が通らない状況になったときは、まず自分にとっての常識や正しさと、相手にとっての常識や正しさは必ずしも同じではないという視点を意識しましょう。「言わなくてもわかるだろう」と思うこともありますが、職場では年代、性別、国籍、職位、家庭環境が違えば考え方も変わります。「自分と相手では価値観が違うかもしれない」という前提をもつことが第一歩です。

ステップ 2・3 観察・解釈

自分も相手もうまくいく方法を考える

次に大切なのは、自分も相手も尊重しつつ、win-win の関係を築く方法を考えるという視点です。自分と違う意見を受け入れたうえで、折衷案を考えるスタンスが大切です。この段階では直接相手を観察したり、相手に関する情報収集をしたり、相手にヒアリングしたりする必要があります。

ただし、このステップは1回でうまくいくわけではありませんし、1回しかできないわけでもありません。細かい観察・調査・ヒアリングを繰り返してもいいのです。回数を重ねることで、双方が納得できる方法を見つけていけることもあります。

また、選択肢を増やすルーティン2・3（159・163ページ）を通して知識をストックしておくと、このステップもうまくできます。

ステップ4 介入 観察をもとに行動に移す

次は実際に行動に移します。

ただし、行動して終わり、ではありません。うまくいく場合もあれば、思うようにいかない場合もあります。行動したあとは、それらを振り返ります。改善の余地があれば、再び観察と解釈を繰り返して、よりよい方法を模索します。

これらのステップは、自分と相手の価値観や状況の違いを認識したり、相手との関係性を考慮して対話の方法を選んだり、さらに実行した結果の振り返りをすることが含まれます。

仕事で自分の意見を通すためには、関係性を考慮したうえで、伝えて終わりではなく、試行錯誤と改善のサイクルをぐるぐると回すことを大切にしましょう。

客観力強化ルーティン 2

事実やデータを集めてから伝える

時間　自分の意見を相手に確実に伝えたいとき

内容　自分の主観だけでなく、客観的なデータによる根拠を示す

効果　まわりの人に信頼される
意見を受け入れてもらえる

自分の意見がなかなか伝わらない、自分の成果を認めてもらえない、というとき、主観的な話し方をしていないかを振り返ってみましょう。

相手や全体の状況を考えずに自分の状況だけを説明して、「なぜですか？」「こうするべきではありませんか？」といった伝え方をしている場合は要注意です。

自分の意見が伝わりやすい方法の1つに、PREP法があります。これはプレゼンをしたり、文章を書くときにも役に立つ伝え方です（左ページ参照）。

ＰＲＥＰ法とは

P（Point）：要点・結論

提案や主張したい事柄の要点や全体像を伝える。はじめに要点や結論を述べることで、相手に対して何に関する提案か、最初の段階で簡潔に伝えることができる

R（Reason）：理由

提案をする理由を述べる。この段階ではまだ主観的な理由でかまわない

E（Example）：具体例

理由を裏付ける根拠を具体的に示す。複数の根拠があるとより説得力が増す

P（Point）：要点・結論

再び、はじめの要点や全体像に立ち返って、結論を伝える。最初に述べた要点や結論を繰り返すことで、提案内容がより明確に相手に伝わる

＊ビジネスでは、３つの根拠があると説得力があるといわれる。２つ以下では、相手に根拠が薄い印象を抱かせる傾向があり、４つ以上では理由を把握しきれないことが起こる

意見に客観的な事実やデータをセットにして話すと、説得力が増し、意見が通りやすくなります。

また、事実やデータを集めるときは、情報源の信頼性はとくに意識したいところです。情報は語る人の解釈により変わる可能性があるからです。

一次情報（調査により直接得られる事実やデータ、解釈の含まれていないもの）から離れれば離れるほど、伝言ゲームのように最初の意図から変化していくこともあるので、一次情報にどれだけ近いかを意識しましょう。

誰が言っていたのかという情報源を明確にできる話、数値として表すことのできる情報のほうが説得力があります。情報源の信頼性や、数値／データが意味するところも考慮しましょう。

仕事の「当たり前のレベル」を把握できてる？

実は私自身、若気の至りで、こんなお恥ずかしい話があります。

仕事で1人で客先に行かせてもらえるようになり、担当する仕事も増えて、忙しさは増すばかり。「次の昇給では絶対に評価されるはず！」と期待していました。

ところが蓋をあけると、昇給していたものの、期待したほどではありませんでした。自信を持っていた私は、上司に昇給の根拠を聞いてみたのです。

このとき上司の説明で気づいたのが、私の売上は一人前の弁理士であれば〝通常期待されるレベル〟にすぎなかったということです。

こうした勘違いをしたのは、「こんなにやっているのに！」という主観的でひとりよがりな自己評価をしていたからです。

期待されるレベルを数値で把握できていたら、直談判するタイミングをもっと慎重に選んでいたかもしれません。あるいは、「効率よく仕事をするためのアドバイスをいただけませんか？」と相談の形をとることもできたでしょう。

仕事で意見を言う場合は、事実やデータを集めてから、意見とセットで伝えることを意識してみてください。相手からの印象も変わるはずです。

客観力強化ルーティン 3

作業時間を計って自分のキャパシティをつかむ

時間 仕事に取り組むとき

内容 作業時間を計り、自分のキャパシティを把握する

効果 ムリのない仕事の計画や予測を立てられるようになる

仕事でストレスを抱える人は、「顧客や上司の言うことは絶対」と思い込んでいて、なんとなく仕事を引き受けていることも多いものです。これは自分のキャパシティを客観的に見積もることができていないことも影響しています。

自分のキャパシティとは、時間的なキャパシティのことです。

仕事では、その作業にどれくらい時間がかかるのかをあらかじめ見積もることが大切です。

まずは、毎日の**仕事の1つひとつをどれくらいの時間で終わらせているかを把握**しましょう。

仕事に取りかかった時刻と終了した時刻をメモして、時間を計算してもいいですし、ストップウォッチを使ってもいいでしょう。

アプリのストップウォッチも便利ですが、仕事の際にスマートフォンが目に入る場所にあると集中力が低下する場合もあります。アプリを使う場合は、仕事中はしまっておくなど対策をしましょう。

このルーティンは、数をこなして情報を蓄積しなければなりませんが、自分が特定の仕事にどの程度の時間がかかるかを把握していれば、似た仕事がきたときにキャパシティを予測できます。

はじめての仕事の場合は、同僚や上司ならどれくらい時間をかけるものか、聞いてみるのがいいでしょう。その同僚や上司と自分のスキルの差を考慮しつつ、自分が作業にかかる時間を把握できます。

私の場合は、顧客への仕事にかけた時間に基づいて請求額を計算する業界を経験してきた事情もあり、時間を計算する習慣が身についていますが、慣れないうちは少し面倒に感じるかもしれません。

でも、仕事量の調整を相談するときに、この仕事の見通しが立てられていない状態では、「(なんとなく)忙しいので」という主観的な主張しかできません。

仕事にかかる時間の見通しが立っていれば、「自分はこれとこれを抱えていて、概ね○○日くらいかかります」と数字を示しつつ伝えることができるので、説得力が増しますし、落としどころも話し合いやすくなります。

客観力強化ルーティン 4

まわりの人の得意分野・仕事のやり方を調べる

時間 日頃から

内容 コミュニケーションをとり、まわりの人の得意分野ややり方を感覚的につかむ

効果 チームで成果を出していける 仕事を抱え込みすぎなくなる

仕事を抱え込んでしまう人は、まわりのリソースに目を向けるという方法を考えられない状況になっていることも多いものです。

まわりのリソースを見つけるには、日頃から仕事でかかわりのある人とコミュニケーションをとり、同僚や仕事仲間の得意分野や仕事のやり方などを感覚的につかんでおくことが大切です。

すると、仕事を頼まれたときに、自分が対応するという選択肢以外にも、その仕事が得意な人にやってもらうようお願いする、という選択をとることができます。

職場の人の得意分野を知っていると、人を巻き込んで仕事をするという発想ができるようになります。

もし「その仕事を引き受けたいけれど、自分1人では不安」というときなら、その仕事が得意な人と一緒に仕事させてもらう、その仕事が得意な方のアドバイスをもらえるよう口添えしてもらう、という提案もできます。


仕事を頼む側も、単に「キャパシティ不足でできません」と断られると、仕事をしてくれる人を探す必要が出てきます。

断るときも、巻き込むと良さそうな人を具体的に挙げることができれば、仕事を頼んだ側の「ほかを探す」という行動のハードルが1つ下がるので、単に断られるよりも好印象です。

私自身、育休から復帰したとき、「出産前のように仕事ができないかもしれない」という不安がありました。でも、「子育て中だからといって、パフォーマンスが下がったと思われたくない」という思いもありました。

その結果、家族とのプライベートの時間を、がむしゃらに仕事を引き受けることに費やしました。

がんばった甲斐もあって、職場ではパフォーマンスを上げることができましたが、がんばりと引き換えに、とても疲れてしまったのです。そんな生活を数年間送っていたところ、自己免疫疾患の発症という形で強制ストップがかかりました。

そのとき痛感したのは、仕事を抱え込むのは、自分の存在意義を守るための行為だったということです。

当時の私は、組織やチーム全体で継続的に成果を出すことが大切という視点が欠けていました。

大切なのは、自分1人がムリをして仕事を抱え込むことではなく、チーム全体で助け合いながら、1人ひとりのキャパシティの範囲内でやりくりできないか、という視点を持つことです。
仕事においては、個人プレーで瞬間的に成果を上げることよりも、チーム全体でコンスタントに成果を上げられるようにすることが大切です。

こうした視点を持つことができれば、自分自身のキャパシティがオーバーしてしまいそうなときに、「抱え込む」か「断る」かというゼロイチ思考にはなりません。期限を伸ばすことは可能か、ほかにアシストしてくれる人はいないか、現在抱えている仕事をほかにアウトソースできないかのように、調整や交渉、まわりのリソースに目を向けることができます。

これができると、仕事を抱えすぎてうまくいかなくなったり、仕事でミスをして自信を失ったりする状況を避けられ、結果的に仕事がうまくいくのです。

客観力強化ルーティン 5

「ずるい！」と思ったらその人の真似をする

時間 「ずるい」「くやしい」「うらやましい」と思ったとき

内容 憧れの対象から、真似できるやり方や考え方を取り入れる

効果 ネガティブな気持ちにならない、まわりへの対応がやわらかくなる

仕事をしていると「あの人ばかり評価されてムカつく」「あの人ばかり優先されて納得いかない」と誰かと自分を比べて、うらやましく感じることがあるものです。

それは、あなたが「その人みたいになりたい」と心が思っているときです。

そのときは、その人を積極的に観察し、真似をしてみましょう。

脳には、相手を観察するだけで、やり方だけではなく、その人の考え方までも吸収できる仕組みが備わっているのです。

イタリア・パルマ大学のジャコモ・リツォラッティ博士らは、相手の行動を観察しているとき、あたかも自分も同じように行動しているかのように反応する「ミラーニューロン」という脳の神経細胞を発見しました。ミラーニューロンは、相手の行動の意図の理解や共感と関連することもわかってきています。

誰かを観察したり、コミュニケーションをとったりすると、脳がその人の行動の仕方や行動の意図などを自然と吸収するのです。

この「観察をして真似をする方法」を活用するのがおすすめなのが、新しいことに取り組みたいときや、ちょっと背伸びして自分をレベルアップさせたいときです。

未経験のことに挑戦するときは、どういう方向で努力すればよいのか見極めるのが難しいものです。自分のなかに判断するためのリソースが少ないからです。経験者や得意な人に直接話を聞いて、実際に真似をしてみましょう。

忙しそうで声をかけづらい場合は、ランチのときやコーヒータイムなどにさりげなく声をかけてみるのがいいと思います。

「仕事が早くてすごいなって思うんですけど、秘訣とかあるんですか？」のような声かけは自然でいいですね。

人は自分が編み出した方法をシェアするとうれしく感じるので、こうした聞き方であれば快く教えてくれることが多いです。

余裕があるように見える人は、「きっとラクな仕事しかしていないに違いない」「ラクな仕事ばかりしていてうらやましい」と決めつけてしまいがちです。でも、その人をじっくり観察すると、判断が早かったり、切り替えが早かったり努力や試行錯誤していることに気づきます。さらに、その人と直接話をすると、その人の仕事のプロセスがわかるのです。

誰かにやり方を聞いたり相談したりすることで、自分にもできることや必要なものなど、取り組んでいく方向性が見えてきます。方向性がわかっていると、選択肢を増やすルーティン3（163ページ）や客観力強化ルーティン4（179ページ）を行うときに、情報の取捨選択も効率よくできます。

プロセスや要素に
分けるルーティン
1

「今すぐできる小さな一歩」を見つけ、続ける

時間 新しいことに取り組むとき

内容 「今すぐできる行動」から始める

効果 ムリせずにやりたいことが継続できる

何かにチャレンジしたい、状況を変えたいと思ったときに、「1回で達成する」か「1回であきらめる」のゼロイチ思考に陥ると、大きな行動をしようとしたり、壁にぶつかって行動自体を止めてしまいがちです。

新しいことにチャレンジする、やりたいことに向けて進もうとしているときは、ハードルが高く感じるものです。

そんなときは大きな行動よりも、小さな行動を1つひとつ着実に実行するほうが

現実的です。試行と検証を細かく繰り返したほうが、大失敗も少ないからです。

とはいえ、「小さな一歩だと、目標まで遠すぎてやる気がでないんじゃないの?」という方もいらっしゃるかもしれませんね。

ご安心ください。**1日に0・2%の成長でも、1年間繰り返すと2倍になります。**

べき乗の計算ができる計算機(x^yのボタンのある計算機)で、1・002の365乗をやってもらえるとわかるのですが、2・0735……となるのです。

また、1日0・1%の成長だと1年で1・44倍、少しがんばって1日0・5%の成長だと1年で6倍の成長です。小さな行動もあなどれないのです。

継続ができないのはプロセスが大きいから

また、脳は大きな変化を嫌う性質があるので、小さなプロセスを積み重ねるほうが継続しやすく、正しい判断もしやすくなります。

たとえば、やりたいことに取り組むとき、189ページのようなプロセスに分解できます。

場合によってはこのプロセスも、まだ大きいと感じるかもしれません。

やりたいことを見つけたい場合であれば、さらに細かく「本屋に行って今どんなことに興味が向いているか探る」「セミナーに参加する」というプロセスにすることもできます。


このように、今すぐ取り組める小さなプロセスに分解すると、毎日少しずつ前進できます。

まわりの状況も踏まえて1つひとつ実行しつつ試行錯誤することが、メタ認知力アップにつながり、結果として行動力もアップしていくはずです。

行動できるようにプロセスを分ける

「やりたい」気持ちを肯定して行動を始めるとき

- やりたいことを探そうとする / 見つける
- やりたいことに取り組み始める時期を決める
- やりたいことについて学ぶ
- やりたいことを小さく試す
- うまくいかなければ、ほかの方法も試す
- うまくいったら、少しずつ機会を増やす

「やりたくない」気持ちを肯定してこれまでの行動を手放していくとき

- 「やりたくないこと」を特定する
- ほかの方法に変えられないか、ほかの人にやってもらえないかを考える
- やりたくないことを手放したら、何ができるかを考える
- ほかの方法を試す、ほかの人に提案する

モヤッとしたら出来事・気持ち・視点・原因に分けて書き出す

時間 仕事でモヤッとしたとき

内容 出来事・気持ち・視点・原因に分けてストレス思考を見つける

効果 漠然とした不安感がなくなる

仕事でストレスを抱えているとき、「今の状況はイヤだ」「苦しい」と感じながらも、何がイヤなのか、どうしたいのかなど、言葉としてハッキリと整理されていないことも多いもの。

こんなときは、モヤモヤとした悩みの感情を、積極的に言葉にして整理することが大切です。

原因のわからないものや見通しの立っていないものに対して、人は不安や恐れを感じます。

不安や恐れを感じると脳の扁桃体はストレス反応を引き起こします。ストレス反応がおこると前頭前野の働きがストップして、理性的な判断ができなくなってしまいます。このままでは、いつまでたっても解決策を見つけることはできません。

多くの研究で、自分の感情や考えを紙に書き出すことで適切な行動ができたり、幸福感が増したり、健康も増進することがわかっています。

ここでは、モヤモヤとしたとき、自分の感情やストレス思考に気づくための3つの質問をご紹介します。紙を用意して、質問に対する答えを書いてみましょう。

ステップ 1

「私は今、何を経験してどんな気持ちなのかな？」

モヤモヤを感じたきっかけとなる具体的な出来事、具体的に経験したこと、その出来事に対して自分が感じた正直な気持ちを書きます。

感じたことがはっきりわからない場合は、「不安」「恐れ／怖さ」「悲しみ」「寂しさ」「罪悪感」「恥」「怒り」のどれに当てはまるかを考えてください。

7つの感情のうち、「怒り」だけは少し性質が違います。
「怒り」は二次感情といわれ、**ほかの感情を抑え込んでいたために現れる感情であることが**わかっています。「怒り」を感じている場合は、その手前に「不安」「恐れ／怖さ」「悲しみ」「寂しさ」「罪悪感」「恥」のどれを感じたのかも考えます。

ステップ
2
「そんな自分を、ほかの人が見たらどう思う？」

ここでは、出来事をニュートラルに受けとるクセを身につけます。
モヤモヤとしたときは、「あなたを大切に思う人」「上司」「自分」の**3つの視点**を意識して、思っていそうなことを書き出してください。この3つの視点を考えるだけで、195ページの例のように今後の対応策が見つけられます。

ステップ
3
「何が私をそんな気持ちにさせたのかな？」

この質問はステップ2の質問とは直接は関係しないのですが、ステップ2で客観

モヤモヤを整理する３つのステップ

ステップ１ 感情に気づく

「私は今、何を経験して、どんな気持ちなのかな？」

感情をすぐ特定できない場合

- 「不安・恐れ／怖さ・悲しみ・寂しさ・罪悪感・恥・怒り」のどれに当たるか選ぶ
- 複数当てはまってもOK

ステップ２ 感情を客観的に見て解決策を探る

「そんな自分をどう思う？　ほかの人が見たらどう思う？」

①あなたを大切に思う人
②上司
③自分

の３つ視点で考える

ステップ３ ストレス思考を見つける

「何が私をそんな気持ちにさせたのかな？」

的な視点で考えることに慣れてからのほうが、スムーズに答えることができます。

というのは、ストレス思考は、ふだん意識できておらず、「自分が認めたくないもの」として現れることもあるからです。ステップ2でニュートラルに受け止めるクセをつけてからのほうがよいのです。

核心に迫る質問ですが、脳は質問を意識すると自分のなかに眠っている知識や記憶から、その答えを探すようにできています。答えが出てきにくい場合は、少し目を閉じて考えてみましょう。直感的にふっと出てきた思いを書き出してください。

このように、各ステップの質問を日常的に自分にしながら、自分の感情やストレス思考に気づくことができるようになれば、モヤモヤしても必要以上にストレスを抱えることなく、建設的な解決策を見つけられるようになります。

例 上司に資料の再提出を求められたとき

感情を特定する

- 今日、上司にプレゼン資料のやり直しを命じられて、イラッとした（怒り）
- 自分なりに一生懸命考えて作ったけれど、努力が理解されず悲しかった（悲しみ）
- 頭ごなしに言われたので、どこが悪いのかわからず不安になった（不安）

※怒りやイライラの根底には、悲しさや不安もあることがわかる

3つの視点

① あなたを大切に思う人の視点

- かわいそう。よく考えたところや工夫したところを聞いてくれてもいいよね
- やり直しではなくて、修正したほうがいいポイントを教えてほしかったよね

② 上司の視点

少し方向性が変わってきてるから、もっと早く相談してほしかったな

③ 自分の視点

一生懸命考えて努力したというのは、具体的にどんなことを伝えたかった？

対応策に気づく

- 落ち込んでしまってその場では反論できなかったけれど、もう一度話をしてどこを改善すればよいのかを明確にしたほうが良さそう
- 次はもう少しこまめに進捗を報告してみよう
- 自分としてはこの点は大切だと考えているから、その是非も聞いてみよう

あなたのストレス思考を見つけよう

やり直しを求められたとき、自分の能力を否定された気がしてイラッとしてしまった。なんだか図星な気もして反論できなかった。でも本当は、悲しくて落ち込んでしまっていたんだな。冷静に考えてみると、まわりの人みんながそう思っているとは限らない。自分の能力が低いと思っているのは、私自身なのかもしれない。

「自分の能力は低い」という思考のクセを持っていたために、上司のやり直し命令に過剰に反応したということがわかる。

内省力ルーティン 2

「共感を求めない話し方」で自分の気持ちを話す

時間 仕事でモヤッとしたとき。トラブルが起きたとき

内容 同意を求めない話し方で傾聴がうまい人に自分の状況を話す

効果 自分の気持ちや状況を冷静に受け止められる

仕事で悩みや不満を感じていることを人に話すことでもストレスが減っていきます。人に話すことは人とのつながりを持つことでもあります。人とのつながりを感じたときには幸せホルモンであるオキシトシンが分泌されることもわかっています。

ただし、人に話すときは**愚痴を吐き出すだけにならないように注意が必要**です。愚痴を吐き出すのも、ある程度は気持ちを落ち着けるのに役立つこともありますが、

解決策にはなりませんし、ストレス思考が見えてきません。

自分の考えを建設的に見つめるには、話し方と話す相手が大切です。

ポイント 1

出来事と気持ちだけを話す

モヤモヤした出来事の内容と、そのときの自分の感情を淡々と伝えます。

内省力ルーティン1のステップ1（191ページ）と同じように、「今日、上司にプレゼン資料のやり直しを命じられて、イラッとしたんだよね……。頭ごなしに言われて、どこが悪いのかわからないのが不安だったのかも」という具合です。

ここで、「今日、上司にプレゼン資料のやり直しをいきなり命じられたんだけど、ひどくない？」と、相手の同意を求める言い方は避けます。

ポイント 2

冷静になったら、ほかの意見・アドバイスを求める

①の話し方でモヤモヤとした気持ちが落ち着いてきたら（感情に巻き込まれずにモ

ヤモヤとした出来事を冷静に話せるようになってきたら）、ほかの意見やアドバイスも冷静に受け止められるタイミングです。

自分とは違う意見を聞いても大丈夫と思ったら、「よかったら、この状況についてどう思うか、教えてくれる？」「こういう状況なんだけど、アドバイスはある？」とほかの人に意見やアドバイスを求めるといいでしょう。相手から、自分とは違う見方を聞けるかもしれません。

ここでは同意を求めることが目的ではなく、**多様な視点を教えてもらうこと**が目的です。「そういう考え方もあるんだ」と冷静に受け止めてみます。

ポイント 3

傾聴がうまい人に話す

誰かに気持ちを話すときは、**傾聴ができる人**が適しています。

傾聴ができる人は、他者の話に共感を示しながらも、ジャッジせずに無条件で受け入れて聴いてくれます。

そうした人は迎合したり、闇雲にアドバイスをして変えようとしたりしません。

落ち着いて話を聴いてくれます。相手が相槌をうったり、「そういうふうに思ったんだね」などリアクションしながら聴いてくれると、ふだん意識していなかった考えが出てきやすい場合もあります。

あなたの意見に迎合するだけの人だと、愚痴を吐き出すのと同じ状態になり、自分で解決する力は身につきません。

九州大学の研究でも、傾聴される場合とそうでない場合を比べると、傾聴される場合のほうが、脳の報酬系が活性化することがわかっています。傾聴されるほうがポジティブな感情に結びつきやすいのです。

自分の身の回りにぴったりの人がいなければ、キャリアコンサルタントなど傾聴のプロに話を聴いてもらうのも1つの手です。最近ではキャリアコンサルタントに相談する人も少しずつ増えています。

キャリアコンサルタントは、相談者の仕事の悩みからその人の感情を掘り下げ、客観視をうながし、思い込みや解決策に自ら気づくことをサポートする専門の訓練

ポイント
4
ストレス思考を見つける

を受けています。

これは応用ですが、そのモヤモヤとする出来事に対して、「何が私をそんな気持ちにさせたのかな？」を意識しながら、自分の思いを話します（相手にこの質問をするようお願いするのもいいでしょう）。内省力ルーティン1のステップ3（192ページ）と基本的に同じです。

今は人生100年時代で長期的なキャリア形成が必要となり、転職も当たり前になっていたり、終身雇用は限界といわれたりするなど変化の多い時代です。

これからは仕事で悩みを抱えたら、身近な人に話すこと以外に、キャリアコンサルタントに相談して、客観思考を取り戻すのが当たり前になるかもしれません。

さまざまな方法があることを知っているだけでも、仕事でストレスを抱えづらくなるはずです。

ストレス思考を
再解釈するルーティン 1

モヤッとした出来事のポジティブな面を探す

時間 仕事でモヤッとしたとき、トラブルが起きたとき

内容 出来事を反対の視点から考える

効果 冷静になり、建設的な対応や対策を考えられる

どんな出来事にも必ず、ポジティブな面とネガティブな面があります。

出来事の良し悪しを決めるのは、出来事そのものではなく、解釈の仕方です。

仕事をするなかで、なんとなくイヤだなと思う出来事に遭遇したら、左のような質問を自分にして、出来事のポジティブな面を考える意識を持ってみましょう。

- この出来事のポジティブな面は？
- この出来事があったから気づけたことは何？

・この出来事を次に役立てるとしたら、何がある?
・＊＊さんなら、どう考えるかな?

これを日頃目につくところに貼っておくのもいいでしょう。

頭の中で切り替えるだけでも効果がありますが、内省力ルーティン1・2(190・197ページ)と同様に、紙に書き出したり、人と話したりして考えると、思考が整理されやすいのでおすすめです。


出来事のネガティブな面とポジティブな面の両方を見つけ出すことができれば、**自分が心地よいと感じるとらえ方を選ぶことができるようになります。**

ポジティブとネガティブの両方を考えたうえで、両者のバランスをとりながら、建設的な解決策へと導くこともできます。


たとえば、上司に仕事の小さなミスを指摘されて、イヤな気分になったとします。

でも、「ポジティブな面は?」と考えると、「自分のミスで重大な損失に至る前に気づかせてくれた」や「指摘してくれてむしろありがたかった」というポジティブなとらえ方ができ、自分を納得させることもできます。

ただし、この段階では、自分のイヤな気分を抑えるだけです。

ここから、ポジティブとネガティブのバランスをとります。

バランスをとるというのは、「自分がネガティブな気持ちにならないように、するべきことを考えること」です。

上司に小さなミスを指摘された場合であれば、「重大な損失に至らずよかった」とポジティブな面を受け止める一方で、「ミスを指摘されるのはイヤな気分だから、再発防止に努めよう。そのためには……」と具体的に解決策を考えます。

ポジティブな面に着目したことで一時的に気持ちがニュートラルな状態に戻るので、少し冷静になって建設的な対応や対策を考えることができるようになるはずです。

ストレス思考を再解釈するルーティン 2

「ほかの考え方はできない?」と問いかけて自己評価を変える

時間 自分に自信が持てないとき・仕事で失敗したとき

内容 自己評価を見直して、ニュートラルな状態にする

効果 勇気を持って仕事ができる
トラブルを乗り越えていける

仕事でストレスを抱える人には、人間関係や環境ではなく、自己評価の低さが原因になっている人もいます。

でも、自分が自分自身に対して行う自己評価は、必ずしも正しいとは限りません。

とはいえ、ここでは正しくない自己評価を正すことが目的ではありません。

大切なのは、正しいかどうかよりも、その自己評価を持ちながら自分は心地よく働けているかどうかです。心地よく働けていないのであれば、自己評価に対するストレス思考を見つけ、アップデートする必要があります（自己評価に関するストレス思

考は内省力ルーティンで見つけることができます)。

働くうえで、自分を不快にする自己評価を見つけたら、次の質問をします。

- その自己評価は本当に正しい?
- その自己評価はどんな場合も事実と一致する?
- その自己評価が当てはまらない場面はない?

これらの質問で、自己評価が必ずしも正しくはないことに気づきます。「自分の能力は大したことがない」という自己評価を持っている場合は、この質問をすると、自分が能力を発揮できている場面に気づき、自己評価が正しいわけではないことが理解できます。そして、さらに次の質問をします。

- その自己評価で勇気が出る?
- この自己評価のままでいくと、これからどうなる?

心地よく働くための
ストレス思考の再解釈の方法

心地よく働けない自己評価を見つける

例
- 自分の能力は大したことがない
- 自分にはそれは値しない
- 努力していない自分には価値がない

再解釈してみよう

「自分の能力は大したことがない」という自己評価を持っていた

けれども、

〇〇することは得意なことがわかった

だから、

私は得意なことで能力を発揮する。不得手なところで人に助けを求めたとしても、すべての面で能力がないことを必ずしも意味しない

という思いを持ちたい

この質問をすると、その自己評価を「変えたいか」「変えたくないか」という自分の意思を確認できます。すると、「極端な考えはもういらないな」と思えます。

最後に、次の質問をします。

- 事実と一致する考え方で、ポジティブにとらえられることは何か？
- どんな自己評価なら自信が湧いてきそうか？

最後に、ここまでの質問で気づいたことをもとに、207ページのように自分が心地よいと感じる自己評価に変えます。

このルーティンは、頭で考えると建設的な答えが出てきにくいことがあります。紙に書き出したり、人と話したりして考えるのがおすすめです。

ここまで、自己肯定感とメタ認知力を高めるルーティンを紹介してきました。続く第5章では、長期的なキャリア形成のための思考習慣をご紹介しましょう。

第5章

どこでも活躍できる人になるための思考習慣

「イヤなこと」を見るより、「こうなりたい」と思うほうが仕事はうまくいく

ここまで、「仕事がしんどい」をなくす、さまざまなルーティンを紹介してきました。

最後の章では、変化の多い今、どんな環境でも自分らしく働き続けるための考え方をお伝えしましょう。

誰でも仕事でつらいこと、苦しいことがあると、愚痴や不平不満で頭がいっぱいになるものです。とくに、自己評価に関する悩みや他者との関わりのなかで生まれる悩みは、往々にして不平不満のループに陥りがちです。

でも、ネガティブなことに着目していると、どんどんと悪いことばかりに気が向いて、ポジティブなことがらが見えなくなってしまいます。脳は意識した情報のみを集めようとするからです。

意識した情報を集めるのは脳のすばらしい機能ですが、その反面、意識を向けていない情報には気づきにくかったり、あるいは意識したことがらに合致しない、矛盾する情報は無視してしまいます。これを**確証バイアス**といいます。

前述のように、私たちの脳には、意識を向けた情報を選び取る機能が備わっています。こうした性質を**選択的注意**といいます。騒がしい場所でも、意識を向けている会話は聞き取ることができる性質です。

近年では、人の脳神経活動の測定が可能になっており、脳では意識を向けた外部情報の処理に見合った部位が活性化することがわかっています。

こうした脳の性質をうまく活用しながら、ポジティブな方向に意識を向け、自分にプラスになる情報を取り込んでいきましょう。つらい状態からも早く脱することができます。

仕事で不満を持ったときの思考変換法

たとえば、仕事で不満が出てきたときは、「どういう状況ならこの不満は解消するかな？」という質問を自分に投げかけるのがおすすめです。不満そのものではなく、不満から脱した状態に焦点を当てるのです。

「仕事が多くてたいへん」という不満がある場合、「どういう状況ならその不満は解消する？」と考えると、「自分は平常時ならこの程度こなせる。踏ん張りどきならこのくらいできるけれど、がんばれるのは2ヶ月くらいかな」と、自分のキャパシティが具体的に見えます。なんとなく仕事が多いと感じていたときと比べて、対策が立てやすくなります。

不満がなくなる状況を思い浮かべることができれば、不満の裏側にある「私はこうしたい」「私はこうありたい」という気持ちが自然と出てきます。

「そんなこと言われても思い浮かばない」「想像ができても実現する気がしない」という抵抗が出てくるかもしれません。

そんなときは「これが映画だとして、どんな展開ならハッピーエンド？」という質問を自分にして、考えてみてください。

今すぐ想像しにくいことでも、視点を大きくし、「自由な発想をしていい」と自分に許可を出すと、想像しやすくなります。

それでも抵抗がある場合は、第4章の内省力ルーティンでご紹介したように、紙に書き出してみたり、ほかの人にこの質問をしてもらってください。答えを出すことに集中できたり、抵抗する考えになっていることを指摘してもらえたりします。自分の頭だけで考えて自問自答するよりも、受け入れやすくなります。

理想を決めるとその情報が入ってくる

また、仕事をするうえでは、**自分が求める理想（条件）をあらかじめ意識しておく**ことが大切です。自分が求める条件を意識できていなければ、その条件に見合った情報やチャンスに触れたとしても、気づくことができません。

まずは、なんとなく思い描いている働くうえでの自分の理想を、紙に書き出してみてください。書き出す項目は少なくても、多くてもかまいません。「これさえあれば満足」というものが1つであれば、それでもOKです。

ここでは理想を意識するのが目的なので、「そんなの実現するの？」「どうやって？」ということは一旦脇においておきましょう。**「こんな仕事があったら」「こんな働き方ができたらいいのにな」**という感覚でOKです。

私の場合は、「身につけた専門性を含めて、自分の知識を使っていきたい」というスタンスはあるものの、職種に強いこだわりがないタイプです。

この場合、理想には、職種よりも自分の知識を活かすことや、ライフスタイルに関することが多く出てきます。

職種を重視する人であれば、ライフスタイルよりも仕事内容に関することが多く出てくるでしょう。


ただし、1つ注意してほしいのは、3章の142ページでご紹介したような、**「自分軸」「良いがんばり」につながるような理想を意識すること**です。「他人軸」「悪いがんばり」につながるような理想は避けます。

理想が多い人は、書き出したあと、**優先度順に並べる**のがおすすめです。大切な条件を意識しやすくなるからです。

違う方向性の仕事をしていきたいときは、その方向性に「望む理想（条件）」をしっかり意識しておくことが、自分らしい選択のためにも、そしてそのために必要な情報を確実にキャッチするためにも大切です。

キャリアの8割は偶然の出来事で変わる

理想が明確になり、何をすればよいのかがわかった場合は、そこに向けて行動すれば近づいていくことができます。問題は、理想が遠く感じられて、今の段階では現実的な行動の選択肢が見えない場合です。

選択肢が見えない状況での行動指針を与えてくれる理論として、スタンフォード大学のジョン・クランボルツ博士が１９９９年に提唱した、プランド・ハップンスタンス・セオリーというキャリア理論があります。

博士は「個人のキャリアの8割は、予期しない偶発的な出来事によって左右され

プランド・ハップンスタンス・セオリー 5つの行動指針

① 好奇心

新しいことを学ぶ機会や人との出会いを探索する

② 持続性

失敗してもあきらめずに続ける

③ 柔軟性

状況の変化に応じて、多様な考え方を受け入れる

④ 楽観性

偶然のチャンスに遭遇したときは、うまくいくと信じる

⑤ 冒険心

リスクを恐れず挑戦する

る」ということを見出しました。

この理論がそれまでのキャリア理論と違う点は、現実的な行動の選択肢が見えていない「未決定の状態」を、必ずしも「解決すべきもの」ととらえていないところです。未決定な状態は、思いがけない偶然の出来事をオープンマインドで利用できる状態でもあり、むしろ望ましい状態であるとされています。

この理論ではさらに、偶然の出来事をチャンスに変えてキャリアを切り開いていくために、学びや成長の機会、人との出会いを積極的に作り出す5つの行動指針が提唱されています（217ページ）。

次の項目からは、5つの行動指針（好奇心・持続性・柔軟性・楽観性・冒険心）のそれぞれについて、実践するコツを紹介していきます。

学びや出会いから人生を変えるチャンスを呼び込む

好奇心のままに新しいことを学んだり、人との出会いを増やしたりすると、いつもやっていること以外の新しいこととの遭遇が増えます。そのなかには、人生にチャンスをもたらしてくれる**偶然の出来事**に出会う可能性も高まります。

学びというと、資格試験に挑戦した人や社会人大学などで学んだ人が取り上げられることも多いので、ハードルが高く感じる人がいるかもしれません。

でも、本来の学びは、**新しい知識を取り入れて自分を成長させること**。学生時代の勉強では学ぶべきことが決められていますが、大人の学びはもっと自由にとらえ

ていいのです。

自分が知りたいと思ったことを深掘りすることすべてが、学びに含まれます。

本を読む、新しい方法を試す、新しいプロジェクトに参加する、そういったこともすべて含めて学びです。学びにはバリエーションがあるのです。


厚生労働省の統計による、社会人が自己啓発に費やしている時間についての調査では、自己啓発に取り組んでいる人は3割強、という結果がでています。

しかも、自己啓発に取り組んでいると回答した3割の人の3分の2の人が、年間30時間未満なのです。これは1日あたりに換算すると5分未満です。

裏を返せば、1日当たり5分以上自己啓発に取り組む人は、全体の3割のうちの3分の1、すなわち全体の1割しかいないということです。


ちなみに、この調査での「自己啓発」には、セミナーや講座に参加して学ぶことだけではなく、書籍やテレビなどによる自習も含んでいます。

この本を読んでいるみなさんは、自己啓発に取り組む1割に入っている可能性が高いです。その調子で好奇心にしたがって、新しいことがらにどんどん取り組んでいきましょう。

好奇心を持つ習慣は長期的に人生に効く

アップルの創業者のスティーブ・ジョブズは2005年にスタンフォード大学の卒業式で行ったスピーチで、自分の好奇心と直感にしたがって出会った偶然の出来事の数々をDots（点）という言葉にたとえて次のように語っています。

〝You can't connect the dots looking forward, you can only connect them looking backwards.〟

（将来を見越して点をつなぐことはできません。後で振り返ってはじめて、それらをつなぐことができるのです。）

私自身の体験からも、この言葉には共感するものがあります。

私が思考のクセという考え方や脳科学ベースのコーチング手法に最初に出会ったのは、今から15年も前の話です。

そのときは、仕事にしようとは思っていませんでした。それが巡り巡って今や仕事で活用しているのです。15年前に仕事に直結しないからと取り組んでいなかったら、現在の私はないかもしれません。

好奇心にしたがってアンテナを張る習慣は、長期的に自分の人生に効いてきます。

やってみたい、おもしろそうという感覚にしたがって、結果を期待せずに行動範囲を広げていたら、あるときチャンスが訪れた、ということが起こるのです。

新しいことに取り組むことは、私たちの脳が本能的に喜ぶことです。小さな子どもを見ていると、好奇心旺盛で、いろいろなことにチャレンジしながら、どんどん成長します。

大人になるにつれて好奇心を失っているとしたら、本来、本能的にはできることをあなたは抑え込んでいるのかもしれません。そんな場合は、第3章で紹介した自分の最初の気持ちをキャッチすることに立ち返ってみてください。

チャンスをつかむために あきらめずに挑戦し続けよう

プランド・ハップンスタンス・セオリー2つめの行動指針にもある「失敗してもあきらめずに続ける」というスタンスは、同じ行動をただ繰り返し、耐え続けることではありません。失敗の原因を分析し、別の角度からふたたび試すことで、挑戦する行動自体を止めないようにすることです。

スタンフォード大学のキャロル・ドゥエック博士が提唱する考えにグロースマインドセットがあります。これは、「自分の能力は、学習や努力によって育むことができる」という考え方です。

こうした考え方を持つ人は、「自分は努力により成長できる」と信じているので、少し難しい問題にも積極的に挑戦したり、失敗してもそのプロセスを重視して改善策を見出していき、結果的に高いパフォーマンスをあげることがわかっています。

その反対は、「フィックストマインドセット」と呼ばれ、「自分の能力は生まれつき決まっていて、努力しても向上しない」という考え方です。

この考えを持った人は、失敗に対して自分の能力がないからだと考えたり、少し難しい課題への挑戦を避けたりしてしまいます。また、本人にとって困難な局面に遭遇した場合のパフォーマンスも下がってしまいます。

つまり、ものごとがうまくいくかどうかを分けているのは、能力ではなく考え方なのです。

グロースマインドセットに関わる脳の部位は、線条体という意思決定に関わる部位と背側前帯状皮質という行動モニタリングに関わる部位の間のつながり、そして、前述の線条体と背外側前頭前野という学習や判断などの思考に関わる部位の間のつながりであることが研究からわかっています。

グロースマインドセットには、行動のモニタリングと調節に関する脳の部位が関わっているわけですが、これはまさにメタ認知力でもあります。メタ認知力には前頭前野が関わっていることもわかっています。

仕事で失敗しても、成長できる大きなチャンスととらえて、乗り越えていけるといいですね。

「めんどくさい」と思ったら、楽しみながら取り組む方法を探す

小さな行動を起こし、新しいことに取り組み始めると、うまくいかないことも出てきます。反対や指摘をされて「めんどくさい」と思ったり、ゆずれないこだわりが出てくるかもしれません。

そんなときは、やり方を変える、少し方向転換をするなど、1つのことにこだわりすぎない戦略をとるといいと思います。

もし、「変えたくない」という強い思いになったときは、一度「現状維持バイアスの影響を受けていないかな」「他の見方はないかな」と考えてみてください。

この視点を持っておくと、自らの行動を客観的に見てより良い選択ができます。

学びや成長の機会や、人との出会いなど新しい行動を起こしていこうとするときにとくに影響するものが現状維持バイアスです。これは、偏見や先入観といった思考の偏りによって、新たな行動を避け、現状を維持する行動を選ぶ傾向です。

現状維持バイアスの1つである**損失回避**は、損をする可能性を大きくとらえて、現状維持を選ぶことです。

私たちはある行動を起こすと損をする可能性があると、その行動のメリットよりも**損をする可能性を大きく見積もる**傾向があるのです。

たとえば、新しい方向性に進むために資格取得やリスキリング（学び直し）の必要があるとします。

しかし、安定した職についていて生活に困らない場合は、新たなスキルを身につけて仕事の幅を広げるメリットよりも、資格取得の労力やコストを大きく見積もり、新たな一歩を踏み出すのを躊躇してしまうのです。

また、**サンクコストバイアス**という現状維持バイアスの影響を受けることもあります。

これは、同じやり方ではうまくいかないとわかっていても、現状のやり方を維持してしまうことです。

私たちは**これから投下するコストよりも、これまで投下してきた労力やコストを大きく見積もる**傾向があるのです。

たとえば、今の仕事のためにかなりの労力とコストをかけてスキルを磨いてきたものの、別の方向へと一歩踏み出す必要がある状況になっているとします。

でも、これまで得てきたものを手放すのがもったいないと感じ、現状にしがみつくような選択をしてしまうのです。

困難な状況に柔軟に対応するためには、こうした現状維持バイアスを知ったうえで、自分の行動を振り返り、困難な状況を乗り越えていかなければなりません。

こうした「自らの行動を客観的に見る行動」もまさにメタ認知の問題です。メタ認知を司る脳の部位は前頭前野ですが、この部位は考え方の柔軟性に関わっていることもわかっています。

第4章で紹介した選択肢を増やすルーティンや、客観力強化ルーティンもぜひ参考にしてみてください。

また、自分が楽しめることに取り組んだり、報酬によりモチベーションを高めることでも楽観的で柔軟な思考になりやすくなります。

成果を過度に求めすぎないことや、節目で自分へのご褒美を用意すること、楽しみながら取り組めるしくみをもっておくことも、ぜひ考えてみてください。

「とらえ直す習慣」で、少しずつポジティブ思考に変えていく

チャンスをつかみ成果を出すためには、「うまくいく」と信じて行動したり、困難に遭遇したときにも「うまくいく方法があるはずだ」と信じることが大切です。そう信じるためにも、ネガティブな状況をポジティブにとらえなおす思考も少しずつ身につけていきたいものです。

精神を安定させる、平常心を保つなど心のバランスを整える役割を持つ脳内ホルモンに、セロトニンがあります。

このセロトニンのレベルを保つ働きをしているセロトニン運搬遺伝子は、楽観・

悲観の傾向と関連するという研究があります。

セロトニン運搬遺伝子には、セロトニントランスポーターというタンパク質を産生するための遺伝情報がコードされています。そして、セロトニン運搬遺伝子の型により、産生されるセロトニントランスポーターの量（これを発現量といいます）が異なります。具体的には、発現量の多いＬＬ型、発現量が少ないＳＬ型、ＳＳ型という3つのタイプがあります。

研究では、被験者に楽しそうな画像と怖い画像を見せると、ＬＬ型の人はほかのタイプと比べて楽しそうな画像に最初に注意を向ける傾向がありました。ＳＬ型とＳＳ型の人はＬＬ型の人と比べて、悲観的な画像に最初に注意を向ける傾向があることがわかりました。

そうすると、とらえ方がポジティブかどうかは、生まれつきの遺伝子で決まってしまうのか……となりそうなところですが、この研究には続きがあります。

その後の研究では、ネガティブな刺激への注意を減らすトレーニングを実施し、その効果を調べました。

すると、セロトニン運搬遺伝子の発現量の少ない型の人のほうが、トレーニングの効果が高いことがわかりました。


つまり、セロトニン運搬遺伝子の発現量の少ない型の人は、ネガティブなことがらに注意が向きやすい傾向があるものの、ポジティブな経験を重ねたり、ポジティブなものごとに注意を向ける習慣を持つことで、認知を順応させる力はむしろ高いことがわかったのです。楽観性というのは育てることができるのです。


第3章の自分ほめルーティンや自分軸ルーティンは、身の回りのポジティブな面に意識を向ける方法なので、楽観性を育むために役立ちます。

また、第4章のストレス思考を再解釈するルーティンは、ネガティブな状況を受け入れつつも、ポジティブな面に焦点をあてる行動です。

ネガティブにとらえていたものごとにポジティブな意味づけをすることで、仕事の葛藤や負担感を下げることにつながります。

チャレンジは、ワクワクする小さな行動から始める

「リスクを取る」「冒険心を持つ」と聞くと、大きな変化をともなった行動を積極的にする、というイメージを持つかもしれませんが、それは違います。

この本で何度もお伝えしている通り、人間の脳は基本的に大きい変化が嫌いです。

人間が原始的な生活を送っていた頃、変化を求めて無鉄砲な選択をする人は猛獣などに襲われるリスクが高まるのに対して、慎重な人は生き延びる可能性を高めることができたからです。

自分にとって心地よい範囲、つまりコンフォートゾーンを確保してそこにとどまろうとするのは、人間にとってごくごく自然なことなのです。

でも、同じところにとどまった場合、そこの食料が枯渇したり、環境が急に変わると、生命の危機に瀕します。

一番生存に有利な選択は、**慎重でありながらも挽回できる範囲で小さな挑戦を重ねる、ピボットターンをするように少しずつコンフォートゾーンを広げること**です。私たちは、そうして生き延びてきた人たちの子孫なのです。

キャリアを築いて自分らしく働き生き延びていくためにも、この戦略をとっていきましょう。リスクを恐れずに挑戦しながら、変化をイヤがる脳をてなずける戦略です。

脳科学的に有利なのは、むしろ小さく始めてリスクヘッジすることで、脳を安心させながら継続的に前進することです。

脳が変化と感じないくらいの小さな行動を繰り返していきましょう。

大きな変化をともなう行動を積極的に行って大失敗すると、そのことが尾を引いて、再起するのにも大きなエネルギーが必要です。
その結果、失敗から立ち上がれずに停滞するということも起きます。

小さなプロセスに分解する目安としては、**抵抗をあまり感じない行動や失敗しても挽回できる行動**を選ぶといいでしょう。

脳が恐怖を感じて扁桃体が活性化すると「闘争・逃走反応」が起きて、理性的な思考がストップしてしまいます。行動し続けるためには、脳が恐怖を感じるレベルの行動は避けるべきです。

ただし、恐怖の感じ方は個人差があるので、まずは自分の気持ちに目を向けて、行動をチャンクダウンしましょう。

ある人は、次の環境に進むことにワクワクするかもしれません。
その場合は、環境を変えるその行動は、もはやその本人にとっては十分に小さな行動です。

ですが、ある人は、「環境を変えてもうまくいくかわからないし……」や、「職場を変える勇気もないし……」と感じるかもしれません。

その場合は、もっと小さな行動を試したほうがよい状態です。

転職する前に業界分析をしてみる、ほかの職場の人の話を聞く、新しい方向性に必要なスキルを蓄える、こうした小さな行動を見つけていきましょう。


小さなプロセスに分解したうえで、その都度うまくできたこととできなかったことを評価し、次の行動につなげていきましょう。

小さい変化を繰り返していたら、気づけばこんなところにきていた、というくらいが仕事をするうえではちょうどいいのです。

偶然の出会いをチャンスに変えるために直感と論理を使い分ける

さて、偶然の出会いを積極的に作り、チャンスに変えるために必要な5つの行動指針について、実践するコツを脳科学の研究にも触れながらお伝えしてきました。

ただ、チャンスに出会う可能性を高めても、それをしっかりキャッチしないことには新たな展開にはつながりません。

キャリアに新たな局面をもたらすチャンスをつかむために、直感と論理的思考を状況によってうまく使い分けてほしいのです。

論理的思考で考える人を左脳型、主に直感的にものごとをとらえる傾向にある人を右脳型と評したりします。これは言語活動を司る言語野が左脳にあることが多いことがゆえんとなっています。

しかし、利き手との関係などで、言語野が左脳だけにあるとは限らない例もあるなど、必ずしも脳の活動領域と一致する考え方ではありません。

ここでは、脳の活動領域の左右差の話ではなく、直感は「感覚によってものごとをとらえること」、論理的思考は「ものごとを結論と根拠に分け、その論理的なつながりをとらえながら理解すること」ととらえてもらえればと思います。

キャリアを考えるうえで直感を使うとき

「これからどうすればいいのかな？」「ほかの道はないのかな？」そんな迷いが頭を駆け巡るときは、ぜひ直感を働かせてみてください。転機を乗り越えるヒントは、直感で「いいな」と思った可能性を拾い上げることで訪れます。

気持ちがはっきりしないときは、「やってみたい」のか、「やりたくない」のか、直感で判断していきましょう。

直感的な判断は、**予想しない偶然の展開を拾い上げることが得意**です。とくに、人生を変えるようなチャンスは、一見、「次のキャリアとは関係ない顔をしてやってくる」ことが多いです。論理的に考えていては動けなくなってチャンスを逃してしまいます。

私の仕事人生で、直感を使って大きな判断をしたのは2回です。

1回目は、大学院時代に研究者から弁理士の道への転向を決めたときです。研究者の卵としてインターンシップに行ったアメリカのベンチャー企業で、偶然その会社がおつきあいしていた法律事務所の方のお話を聞く機会があったことが、弁理士の仕事を知るきっかけとなりました。

弁理士の業界は中途採用がメインなので、その業界に入れる確証はありませんし、弁理士試験は最終合格率が6～7％程度で、合格までに平均で3年ほどかかる難関です。合格できる保証もありません。

このときに論理的思考で考えていたら、リスクが大きいからとりあえず研究者として実績を積んで……と、判断を先送りにしていたかもしれません。

2回目は、弁理士からキャリアコンサルタントへの転向を決めたときです。あるとき、10年以上前にコーチングでお世話になった脳科学者の西剛志博士から久しぶりに「福所さんは〇〇分野に強い弁理士さんをご存じないですか？」という連絡がありました。

論理的思考で考えていたら、弁理士の仕事とコーチングは関連性の高い組み合わせではないので、方向性を変えるきっかけがそこにあるとは想像もつかずに、ただ打診いただいた内容にお答えするだけだったかもしれません。

でもそのとき私は、難病を克服した経験を持つ西博士に、自分のことを相談しなければならないような気がしました。思い切って相談してみた結果、現在のキャリアコンサルタントの道へ進んでみようと考えるに至ったのです。

キャリアを考えるうえで論理的思考を使うとき

論理的思考を使うのがいいのは、**計画するとき、行ったプロセスがうまくいったかどうかを検証するとき**です。ＰＤＣＡを回すなど、具体的な目標に向かってスキルを獲得していく段階です。

直感で方向性を決めたあと、具体的な行動を選択したり、選んだ行動を実行に移したり、実行した行動の結果を分析するために論理的思考を使うのです。

はじめて仕事の方向転換を決めたときは、弁理士試験を受けることを決め、論理的思考を使って、確実に勉強を進めていきました。判断の方法をうまく切り替えたおかげか、平均で2～3年かかるといわれる試験に1年で合格しました。

また、士業の最前線を退いて方向転換を決めたときは、コーチングスキルをブラッシュアップしたり、キャリアコンサルタント試験を受けたり、個人事業のためのホームページを作成したりしました。タスクが多い段階だったので、ここでも論理的思考が役立ちました。
現在は、新しい仕事のご縁を見つけていくときは直感を大切にし、取り組み始めたら論理的思考を大切にするといったように、状況に応じて切り替えています。

論理的思考重視で考えるのが得意な人、直感的な判断を好む人に分かれるので、きっちり使い分けるのは、はじめは難しいかもしれません。
でも、論理的思考が得意な人は、なんとなく行き詰まったなと感じたときだけでも思い詰めることを一旦ゆるめて直感による判断に変えると、思わぬチャンスを見つける可能性が高まります。

また、直感的な判断を好む人は、スキルを継続的に高める必要がある段階に入ったときに、振り返る意識をするだけでも、行動に一貫性がでて必要なスキルを効率よく身につけることができます。停滞感を感じたときに、いつもとはちょっと違う戦略をとるだけでもいいでしょう。ぜひ試してみてください。

転職を決めたらやるべきこと

転職して環境を変えなくても、ストレス思考を手放すことで今の職場や仕事で活躍の道を見いだせることは多いものです。

ただし、思考の改善よりも、転職や異動を先に考えたほうがいい場合が1つだけあります。それは、**つらさやストレスの原因がハラスメントによるものの場合**です。

その場合は、しかるべき部署に相談のうえ対処するか、なるべく早く環境を変えることを考えましょう。

基本的には転職のタイミングは、今の仕事から学ぶべきものは学び、**やりきった**

感が出てきたとき、挑戦したいことが出てきたけれど今の職場ではできないことがわかったときがおすすめです。

とはいえ、転職を決意し、いきなり転職活動をしたとしても、なかなかうまくいかないものです。

なかには転職やキャリアチェンジなど大きな行動を起こして、いきなり今の状況を変えたように見える人はいます。

でも、こうした大きな行動を起こす人は必ず、それ以前に水面下でたくさんの小さな行動を積み重ねています。成長できる機会に率先して手を挙げていたり、興味のおもむくまま、さまざまなことを学んでいたりと、変化を生む行動を習慣にしています。

そのようにして蓄積してきたスキルを統合しながら、次の仕事でどのような仕事や働き方をしていきたいかも明確にしています。

大きな行動のように見える部分は、実は氷山の一角にすぎないのです。
転職を考えたら、まずはこれまでに蓄積してきたスキルや自分が求める理想を改めて確認するとともに、できる範囲の小さな行動を仕事のなかで起こしていきましょう。

仕事の方向転換をしたい場合、関連性のない分野へいきなり転職するのではなく、今自分が身につけているものを軸に、自分の守備範囲を少しずつ広げていく感覚を持ち続けるのが大切です。

233ページでもお伝えしたとおり、小さな行動を積み重ねるほうが、ストレスも少なく継続しやすいですし、軌道修正もしやすくなります。石橋を叩くように小さな変化を積み重ねて、「これならいける！」というタイミングを待つ戦略のほうがいいでしょう。

小さな行動を続けて守備範囲を広げていくと、あるとき軸足を移してもっと外の領域に出たくなるときがくるはずです。

私は士業からキャリアコンサルタントへの転向という、ほかにあまり例のない選択をしたので、大きな方向転換をしたように見られることがあります。

でも、方向転換を下支えする要素はたくさんあったので、まわりの方が思うほど大ジャンプをしたという感覚は私自身になかったというのが正直なところです。

キャリアコンサルタントとして仕事をするにあたり、クライエントのニーズを把握するスキル（課題の見立て、分析力）や面談のスキル（専門家としてのスタンス、管理職としての部下との面談）、独立に必要なお金のスキル（確定申告など税金面）など、士業の仕事で培ったスキルが活かせるポイントが多くありました。

また、

・働きながら変化に対応できるスキルを磨くこと

- 男性中心組織のなかで成果を出すこと
- キャリア形成と子育て
- 管理職／経営層としての孤独と葛藤

のような、キャリア形成で遭遇しがちな壁を乗り越えた経験も私の強みでした。

つまり、士業の頃から、小さな変化を起こす行動を繰り返してスキルや経験の守備範囲を広げてきたことに加え、キャリア支援の知識と技術をプラスし、看板を新しくしたのです。

一見小さく見える変化の積み重ねがやがて確かな土台となり、大きな変化を支えていくのです。


自分らしく働くためには、小さな変化として次に何を選ぶか、それを自ら選択することがカギになります。

この章で紹介した5つの指針をもとに、ストレスを抱えないタフな思考を作りながら、自分らしいキャリアを築いていただければと思います。

おわりに

最後までお読みくださり、ありがとうございます。

この本では一貫して、自分の内側のストレス思考に向き合い気づくこと、そして小さな行動の積み重ねで一歩一歩着実に進むことをお伝えしてきました。

仕事がしんどいときは、ネガティブな感情を爆発させて強引に押し通そうとしたり、「ここから離れたら、こんな思いはしなくて済むのに」と思ったりするものですね。

状況をすぐにでも変えたいと外側のものに目が向きがちな人は、ご紹介したアプローチが遠回りに感じられたかもしれません。もっと手っ取り早い方法はないのか、と。

でも、手っ取り早く外側だけを変える方法は、付け焼き刃のようなもの。

物事のとらえ方や対処の仕方が変わらなければ、同じようなしんどさが手を替え品を替えやってきて、「結局自分らしく働くなんてムリだ」とあきらめてしまう……そんなループにはまってしまいます。

この本でご紹介した、最初にストレス思考に向き合うことは、さまざまな悩みを引き起こしている根っこのパターンを変えることにほかなりません。一見遠回りのようでいて、実は自分らしさを取り戻す近道なのです。

思考に気をつけなさい。それはいつか言葉になるから。
言葉に気をつけなさい。それはいつか行動になるから。
行動に気をつけなさい。それはいつか習慣になるから。
習慣に気をつけなさい。それはいつか性格になるから。
性格に気をつけなさい。それはいつか運命になるから。

これはマザー・テレサの名言とされますが、私たちの経験の土台が思考にあることを端的に言い表していると思います。

私のところに相談に来られる方々は、キャリアを大きく変えてきた私の経歴などを見て、大きい変化を起こす秘策を知りたいという期待を持たれることが多いようです。

ところが、サポートさせていただくうちに、環境を変えていないにもかかわらず、仕事への満足度が高まる経験をされます。つまり、仕事のストレスを解決する秘策は、自分の内側の思考と向き合うことだったというわけです。

なかには、次のステップとして自分のやりたい仕事に一歩踏み出す方もいらっしゃいますが、必ずしも現状に不満を感じているからではありません。今の仕事は悔いがないほどやりきって、以前からの夢を叶えるときがきた、という晴れ晴れとした選択なのです。

そんな気持ちで、仕事や人生と向き合えるのは、まさに「自分らしい」生き方を実践されている証拠だと思います。

第1章の冒頭部分でご紹介したように、「自分らしい」とは、自分で方向性を選んだり、自分の思い描く方向に進んでいる感覚があるときに感じられるものです。

裏を返せば「自分らしい」というのは、環境やほかの人から与えられるものではなく、自分で選び取ることがセットになっています。

自分で選び取ることは、その選択の責任を負えるのも自分だけということでもあります。ちょっと面倒くさいことでもありますね。

でも、その先には「私はこの生き方で幸せだ」という満足感が待っています。労力をかける価値がそこにはあります。


そのちょっぴり面倒くさい「自分らしい」への道を、気づいたら実現していた！という状態にするための道筋を、この本でご紹介しました。

この本を手にとっていただいたことで、「これが私らしい道だ！」と満足感をもって働いていく未来への一歩となれば、とてもうれしく思います。

福所しのぶ

2023年4月

Takahashi, H., et al., Science, 323(5916):937-939, 2009
Kahneman, D. and Deaton, A., PNAS, 107,(38) 16489-16493, 2010
Achor, S., "Positive Intelligence", Harvard Business Review, January-February, 2012, p.100-102
『幸福学』（ハーバード・ビジネス・レビュー[EIシリーズ]）ハーバード・ビジネス・レビュー編集部・編、DIAMONDハーバード・ビジネス・レビュー編集部・訳、ダイヤモンド社、2018

第４章

『新版 キャリアの心理学』渡辺三枝子・編著、ナカニシヤ出版、2018(＊)
『他者と働く』宇田川元一・著、NewsPicksパブリッシング、2019
『なぜ、あなたの思っていることはなかなか相手に伝わらないのか？』西剛志・著、アスコム、2021(＊)
『最高の脳で働く方法』デイビッド・ロック・著、矢島麻里子・訳、ディスカヴァー・トゥエンティワン、2019(＊)
Pennebaker, J.W., Psychological Science, 8(3): 162-166, 1997
吉原一文、福岡医学雑誌、108(5):145-152, 2017

第５章

Pestilli, F., et al, Neuron, 72(5), 832-846, 2011
Stevens, C. and Bavelier, D., Dev Cogn Neurosci. 2012 Feb 15; 2(Suppl 1): S30–S48.
Mitchell, K. E., et al., Journal of Counseling & Development, 77(2) 115-124, 1999
『働くひとの心理学』岡田昌毅・著、ナカニシヤ出版、2013
厚生労働省「令和２年度　能力開発基本調査」
『80歳でも脳が老化しない人がやっていること』西剛志・著、アスコム、2022
Dweck, C.S., and Yeager D.S., Perspect. Psychol. Sci., 14(3), 481-496, 2019
Myers, C. A., et al., Soc. Cogn. Affect Neurosci., 11(10), 1521-1527, 2016
Fox, E., et al., Proc. Biol. Sci, 276(1663): 1747-1751, 2009
Fox, E., et al., Biol. Psychiatry, 70(11): 1049-1054, 2011
Wang, Y. et al., Frontiers in Psychology, 8, 1832, 2017

参考文献

(＊) は複数章にわたる参考文献

「ストレス思考チェック」作成にあたっての参考文献

Miura & Griffiths, Jounal of Psychosomatic Research, 62(5), 589-594(2007)（日本版RSES(RSES-J))

Scraw and Dennison (1994) によるMetacognitive Awarenes Inventory (MAI),

The Japanese Journal of Experimental Social Psycology, Vol.34, No.2, 116-128, 1994(ENDE2)

第１章

西村和雄、八木匡、「幸福感と自己決定—日本における実証研究」 RIETI Discussion Paper Series 18-J-026 （2018）

Murayama, K., et al., Cerebral Cortex., 25(5): 1241-1251, 2015

『キャリアカウンセリング』宮城まり子・著、駿河台出版社、2002

『メタ認知　学習力を支える高次認知機能』三宮真智子・編著、北大路書房、2008(＊)

第２章

Kruger, J. and Dunning, D., Journal of Personality and Social Psychology, 77(6), 1121-1134, 1999

『情報を正しく選択するための認知バイアス事典』情報文化研究所・著、高橋昌一郎・監修、フォレスト出版、2021(＊)

第３章

Seligman, M. E., et. al., American psychologist, 60(5), 410-421, 2005

下田真由美、平井正三郎、東海学院大学紀要、11、p.73-81, 2017

Izuma, K., et al., Neuron, 58(2): 284-294, 2008

Strack, F., et al. Journal of Personality and Social Psychology, 54(5), 768-777, 1998

太田英作、満倉靖恵、日本健康心理学会大会発表論文集、31巻、p.79, 2018, KPC04

『図解　眠れなくなるほど面白い　脳の話』茂木健一郎著、日本文芸社、2020(＊)

Fox, G. R., et al., Front. Psychol. 6:1491, 2015

Kini, P., et al., Neuroimage, 128:1-10, 2016

『自己カウンセリングとアサーションのすすめ』平木典子・著、金子書房、2000

著者紹介

福所しのぶ（ふくしょ・しのぶ）

博士(工学)、国家資格キャリアコンサルタント、弁理士。
東京工業大学大学院修了。特許業界に進んでわずか1年で弁理士試験に合格し、遺伝子や医療分野の特許を主として担当する。弱冠39歳での共同経営者就任や大学非常勤講師の兼任など精力的に活動してきた。しかし、人生の再設計を余儀なくされる経験をし、心理的成功を軸にした自分らしいキャリア形成の重要性を悟る。2020年からは、脳科学に基づくコーチング・スキルを習得するとともにキャリアコンサルタント資格も取得し、大学等でのセミナー登壇やキャリアメンターとして活動中。一児の母でもある。

●ホームページ
https://life-esteem.net/

●Twitter
https://twitter.com/LifestShino

出版プロデュース：森モーリー鷹博

仕事《しごと》のモヤモヤ・イライラを止《と》めて自分《じぶん》を取《と》り戻《もど》す
小《ちい》さなルーティン

〈検印省略〉

2023年　5　月　10　日　第　1　刷発行

著　者――福所　しのぶ（ふくしょ・しのぶ）
発行者――田賀井　弘毅
発行所――株式会社あさ出版

〒171-0022　東京都豊島区南池袋 2-9-9 第一池袋ホワイトビル 6F
電　話　03 (3983) 3225 (販売)
　　　　03 (3983) 3227 (編集)
F A X　03 (3983) 3226
U R L　http://www.asa21.com/
E-mail　info@asa21.com
印刷・製本　神谷印刷 (株)

note　http://note.com/asapublishing/
facebook　http://www.facebook.com/asapublishing
twitter　http://twitter.com/asapublishing

ISBN978-4-86667-502-2 C2034